CHEVAUCHÉES

A TRAVERS DÉSERTS ET FORÊTS VIERGES
DU BRÉSIL INCONNU

DU MÊME AUTEUR

Chez les Peaux-Rouges. *Feuille de route d'un mission-naire dans le Brésil inconnu.* 14ᵉ édition. Un volume in-8° écu.

PÈRE MARIE H. TAPIE

S. O. P.

CHEVAUCHÉES

A TRAVERS DÉSERTS ET FORÊTS VIERGES DU BRÉSIL INCONNU

Avec vingt photographies et une carte

PARIS

LIBRAIRIE PLON

LES PETITS-FILS DE PLON ET NOURRIT

IMPRIMEURS-ÉDITEURS — 8, RUE GARANCIÈRE, 6ᵉ

PRÉFACE

Le récit du voyage que nous présentons aujourd'hui, sous le titre de *Chevauchées à travers déserts et forêts vierges du Brésil inconnu* est la suite du livre *Chez les Peaux-Rouges*, auquel on a fait un accueil si bienveillant, comme le prouvent les nombreuses éditions épuisées en quelques mois.

Pour aller chez les diverses tribus de Peaux-Rouges, évangélisées par les Pères Dominicains français de la province de Toulouse, nous avions emprunté principalement la voie fluviale, descendant en simple barque à rames le grand fleuve Araguaya, et longeant environ, sur un quart de notre route, la fameuse île Sainte-Anne du Bananal, la plus grande île fluviale du monde.

C'est le récit de cette première partie du voyage qui a déjà reçu un si favorable accueil.

Nous avons pensé que la seconde partie du voyage, n'intéresserait pas moins, nous osons même espérer, qu'elle intéressera davantage, car elle est plus fertile en péripéties et en instructions de tout genre que la première.

a

Au retour, nous avons, en effet, dû voyager uniquement à dos de mulet à travers l'immensité des forêts vierges du nord et de l'intérieur du Brésil, aujourd'hui encore si peu connues et si pleines de mystère. Dans ces régions désertiques, il y a un proverbe qui dit : « Dieu est grand, mais *le matto* (forêt) est plus grand encore.

Au moment où nous écrivons ces lignes, les journaux français publient la nouvelle que nous reproduisons, sans nous porter garant de sa réalité, à titre purement documentaire.

L'Expédition Dyott au Brésil : — Une station de T. S. F. de la frontière de l'État de Para annonce qu'elle a reçu des appels pressants de l'expédition Dyott, qui se trouve au nord du Brésil, et serait cernée par les Indiens, au même endroit où l'explorateur Dyott suppose qu'aurait été tué l'explorateur Fawcett. » (*Gazette de Biarritz*, 22 août 1928.)

Ce sont des forêts semblables et même plus dangereuses que nous avons dû traverser, — non point avec l'équipement d'une expédition scientifiquement préparée, ayant des appareils de T. S. F., des armes perfectionnées, etc... — mais simplement en missionnaire accompagné par un autre Père Dominicain et deux *camaradas*. A nous quatre, avec les dix mulets de selle et de charge, nous formions un petit monde séparé par l'immensité de tout secours humain, ayant à nous suffire et à nous préserver par nos propres moyens.

Les accidents et les péripéties de toute sorte ne manquèrent point comme on le verra, mais grâce à la protection de Marie Immaculée, patronne de la mission, nous arrivâmes sains et saufs au terme de ce long et périlleux voyage.

Camper chaque nuit en pleine forêt, le hamac suspendu à deux arbres, près d'un grand feu destiné à maintenir à distance les serpents et les fauves, n'a rien de bien rassurant pour un Père venant d'Europe et peu habitué encore à cette vie de missionnaire. Les mille bruits confus de la forêt, le craquement d'une branche morte, un rien suffisent à tenir éveillé le missionnaire et à lui rappeler la parole si vraie du prophète royal : « *Facta est nox, in ipsa pertransibunt omnes Bestiæ sylvæ.* » La nuit est venue, c'est l'heure où vont passer cherchant une proie les terribles hôtes de la forêt.

Bientôt cependant on s'habitue à cette vie, et pour notre part, dès la troisième nuit, nous nous endormions d'un paisible sommeil, aussitôt que les *camaradas* avaient cessé de raconter les aventures de leur vie en forêt.

Mais, parfois, malgré toutes les précautions, et malgré l'expérience des *camaradas* on est surpris par la nuit, qui en ces régions tropicales arrive sans crépuscule et d'une course précipitée. L'expression imagée et saisissante de Virgile est plus vraie et peint mieux la réalité que ne le pensait probablement le poète : *Nox ruit et fuscis tellurem amplectitur alis.*

Alors, dans les ténèbres il devient impossible de suspendre les hamacs et de faire du feu, si ce n'est, tout au plus, pour faire une tasse de bon café qui tiendra lieu de souper. Il ne serait pas, en effet, prudent d'aller à la corvée du bois en forêt et de nous séparer. On en est réduit à étendre par terre un peu au hasard les cuirs de bœufs qui couvrent les charges, et à dormir tout habillé et tout botté sur ces cuirs, ayant soin de se serrer les uns contre les autres, pour plus de sûreté. Le *camarada* met sous sa tête, en guise d'oreiller, la crosse de son arme à répétition, sous sa main le *facuo*, et s'endort tranquillement. Quant au missionnaire il se contente — la prière faite — de passer son grand rosaire autour du cou, et c'est encore lui qui est le mieux défendu.

Dans ces conditions, le sommeil devient parfois assez difficile, surtout en certaines régions, hantées par de grands oiseaux de nuit dont le sinistre hululement est d'autant plus troublant qu'on peut se demander, non sans raison, si ce ne sont pas de vrais Indiens en quête d'aventures qui imitent le cri des grands oiseaux de nuit, pour donner le change au voyageur égaré, et arriver ainsi à portée de flèche, sans trahir leur approche.

Quelques incidents de route, certaines aventures, paraîtront peut-être bien extraordinaires. Nous pouvons affirmer cependant que rien n'a été inventé, ni même sciemment exagéré. Nous avons essayé de rapporter les choses telles qu'elles se sont passées et que nous les avons vécues. La vérité vécue a d'ailleurs un charme et un attrait que ne sauraient avoir les fantaisies de l'imagination. Les lecteurs avisés ne s'y trompent point.

FR. MARIE H. TAPIE O. P.

Biarritz, couvent des Dominicains,
28 août 1928.

PREMIÈRE PARTIE

DE CONCEIÇAO DO ARAGUAYA
A PORTO-NACIONAL

CHAPITRE PREMIER

PLAN DU VOYAGE. — CONTRETEMPS IMPRÉVU ET ATTENTE ANXIEUSE. — PRÉLIMINAIRES DU DÉPART. — UN « CAMARADA (SOCIUS) » IDÉAL. — DERNIERS PRÉPARATIFS. — CHOIX DE L'ITINÉRAIRE. — ÉMOUVANTS ADIEUX. — DÉPART. — EMBARQUEMENT DES MULETS ; UNE MULE FRINGANTE ET CAPRICIEUSE. — TRAVERSÉE DE L'ARAGUAYA.

Notre départ pour Porto-Nacional avait été fixé au mardi de la Pentecôte (6 juin).

Un guide et des mulets de Porto, qu'on nous avait promis et qui nous étaient indispensables pour le voyage devaient parvenir à Conceição vers la fin du mois de mai. Nous espérions qu'après quelques jours de repos et de bons soins, ils seraient, le 6 juin, prêts pour de nouvelles courses à travers le désert et la forêt.

Mais le mois de mai arriva à son dernier jour sans que se fussent montrés à l'horizon les quadrupèdes attendus. Chaque matin, nous regardions inquiets de l'autre côté du fleuve, et, seules, les blanches maisons de Porto-Franco se détachaient sur sa rive droite. Comme sœur Anne, nous ne voyions rien venir et l'inquiétude commençait à envahir notre âme.

Nous voici au 5 juin. Un accident peut seul expliquer ces huit jours de retard, et cela n'a rien de bien extraordinaire, quand on songe que nos montures avaient à franchir deux mille kilomètres de régions inhabitées. Mais que leur est-il arrivé? Où sont-elles? Impossible de le savoir.

De Conceição à Porto, il n'y a ni téléphone, ni télégraphe, ni courrier régulier. Il faudrait envoyer ce qu'on appelle ici un *positivo*. Mais cet « exprès » mettrait dix jours pour aller à Porto, et dix jours pour en revenir. Ce n'est pas tout. Il peut parfaitement passer près de nos mulets sans les voir, car il n'y a point de route et chaque voyageur trace son itinéraire à sa fantaisie, en prenant pour guide le soleil.

Le plus simple est donc de s'armer de patience.

Donc, la journée du 5 juin touchait à sa fin sans que rien fût venu éclairer nos incertitudes.

Le soleil allait se coucher lorsque, tout à coup, des coups de fusil se firent entendre sur la rive droite de l'Araguaya, et, bientôt après, le joyeux son de la *buzina* (trompette) frappa nos oreilles. Il ne pouvait y avoir de doute : notre troupe approchait et elle annonçait ainsi son arrivée. Mais les ombres de la nuit s'étendaient déjà sur l'Araguaya et il était impossible de rien distinguer sur la rive opposée.

Le lendemain seulement, nous pouvions avoir des nouvelles précises, savoir ce qui était arrivé et faire le plan définitif pour le prochain départ.

Nous entrons à l'église pour la prière du soir; puis, en attendant le moment de gagner nos couchettes, nous nous asseyons sur le seuil du couvent, tournés vers le fleuve dont les eaux roulent silencieuses au bas de la colline.

Bientôt nous entendons monter vers nous le pas décidé d'un homme qui se presse.

— C'est Rosen ! le guide envoyé par les Pères de Porto, s'écrient les Pères.

Devinant notre anxiété, il n'a pas voulu attendre au lendemain pour nous rassurer. Aussi habile *barqueiro* que *camarada* (guide), il a, malgré la nuit, traversé l'Araguaya sur une petite *ubá*, légère comme une coque de noix.

« Dès les premiers jours du voyage, nous raconte-t-il, j'ai été saisi par la fièvre et obligé de m'arrêter dix jours en plein désert, laissant à mon jeune compagnon, un *boy* (enfant) de douze ans à peine, le soin de veiller sur les mulets et de les ramener chaque matin au campement. Vers le milieu du chemin, l'enfant a pris mal à son tour et, ne pouvant nous arrêter, j'ai dû, tout en continuant à chevaucher, le porter comme une mère porte son enfant ; grâce à Dieu, il va mieux. Je vais retraverser le fleuve et demain, au lever du jour, je ferai passer les mulets.

Nous essayons, mais en vain, de le retenir. Il ne veut point laisser seuls pendant toute la nuit l'enfant encore souffrant et les bêtes. Il s'en va, après avoir pris un gâteau de manioc et un verre de *cachaça*.

Le lendemain matin, le transbordement s'accomplit sans accident.

Ainsi pourvus d'un guide et de montures, nous pûmes fixer la date du départ. On se décida pour le samedi suivant (10 juin). Le voyage débuterait ainsi sous les auspices de la très sainte Vierge.

Le R. P. Dominique Carretot, supérieur de Conceição, très expert dans l'art de voyager dans le *sertão* et la forêt, offrit de m'accompagner et je me félicitai d'avoir un si précieux mentor pour la difficile excursion que j'entreprenais.

Au cours du trajet, nous ne devions rencontrer ni *casas*, ni *palhols*, où il fût possible de passer la nuit et de se ravitailler. Nous aurions toujours à camper en plein air et à l'aventure, sans que les haltes et les campements fussent fixés à l'avance.

Il fallait donc tout emporter avec soi et ne rien oublier des objets indispensables. On devait d'autre part, éviter de se surcharger inutilement, car un trop grand attirail de colis aurait nécessité un nombre de mulets considérable. Du reste, pour ces questions délicates, je n'avais qu'à m'en rapporter à l'expérience des Pères de Conceição.

Les bonnes sœurs se réservèrent le choix et l'arrimage des provisions de bouche, et elle s'en acquittèrent avec une intelligence, un dévouement et une charité dont nous ne les remercierons jamais assez. Riz, *carne secca* (viande désséchée), *feijão*, café, sucre, furent soigneusement enfermés dans des *bruacas* en cuir de chèvre, plus solides et plus légères que les *canastras* (cantines d'officier) dont on se sert habituellement.

En fait de *camarada* (guide), nous avions — on le sait déjà — Rosen.

« Rosen », c'est tout dire. Les dominicains de Porto Nacional, désireux de nous éviter les fatigues et les accidents toujours à redouter dans les longues chevauchées, voulant peut-être aussi nous donner une haute idée de leurs *camaradas*, nous avaient envoyé le plus parfait spécimen de la corporation.

Rosen avait, d'ailleurs, de qui tenir. Son père avait été le *camarada* de nos missionnaires dès leur arrivée à Porto Nacional, à l'époque des voyages héroïques. Son nom et son dévouement sont restés légendaires dans toute la région du Tocantins. On ne parle de lui qu'en l'appelant « Manoël dos Padres ».

A l'école paternelle, Rosen fit de rapides progrès, devint le type du *camarada* idéal et son étoile éclipsa bientôt celles de tous les *camaradas* du Nord, y compris même celle de l'auteur de ses jours.

Un *camarada* brésilien doit savoir tout faire, vite et bien, sans être jamais embarrassé par une difficulté, ni arrêté par un obstacle.

Cependant, de même que les étoiles du ciel n'ont pas toutes le même éclat, ainsi les *camaradas* n'ont pas tous la même habileté. Tel excelle à faire la cuisine, mais s'entend moins, à *campear* (organiser le campement) ou à régler les mille détails du matin. Tel autre excellera à *campear;* mais sa cuisine laissera à désirer : il dépensera le double et n'arrivera jamais à un bon résultat, au moins pour des palais européens.

Rosen, lui, possède éminemment toutes les qualités requises.

Comme le chien de race sent le gibier, et entre cent pistes enchevêtrées, prend toujours la bonne, il trouve toujours la meilleure direction. Un brin d'herbe brouté ou simplement foulé, une branche ployée, une trace ou un bruit imperceptibles suffisent à l'orienter et les mulets les plus experts dans l'art de se cacher sont toujours retrouvés et prêts, avant l'heure fixée pour le départ.

Nul ne s'entend comme lui à *concertar* (équilibrer) les charges et à les sangler sur le dos des mulets, de telle sorte qu'elles semblent ne faire qu'un avec la bête et qu'on n'a plus à y toucher, même dans les plus difficiles passages.

Cuisinier hors pair, il a le goût, on pourrait dire la passion de cet art, et il lui arrivera de passer une partie de la nuit à préparer le « feijão » en y faisant mijoter la *carne secca* pour le lendemain.

Chasseur intrépide et habile pêcheur, il ne manquera aucune occasion d'ajouter un plat supplémentaire à notre ordinaire. Quand aux jaguars et autres grands fauves ils feront bien de se tenir hors de portée de sa carabine s'ils ne veulent point augmenter sa collection de fourrures.

Enfin, j'ai par moi-même constaté qu'il est à l'occasion habile chirurgien. Il exécuta sur mon genou, en trois minutes, une opération délicate, avec la pointe de son couteau de chasse, n'ayant comme antiseptique qu'un peu de tabac à fumer dont il saupoudra la plaie béante. « Chirurgie de sauvage ! » dira votre science. Soit ; mais il n'y eut ni fièvre, ni suppuration. N'était-ce pas l'essentiel ?

Je terminerai ce panégyrique en disant que Rosen est un charmant compagnon, toujours de bonne humeur, d'un dévouement inlassable, s'ingéniant à nous éviter un accident et allant au-devant de nos moindres désirs. J'ai vécu avec lui près de trois mois dans le désert et la forêt, et je n'ai jamais eu à lui faire un reproche, pas même une observation.

ROSEN, LE CAMARADE INCOMPARABLE
DES GRANDES CHEVAUCHÉES

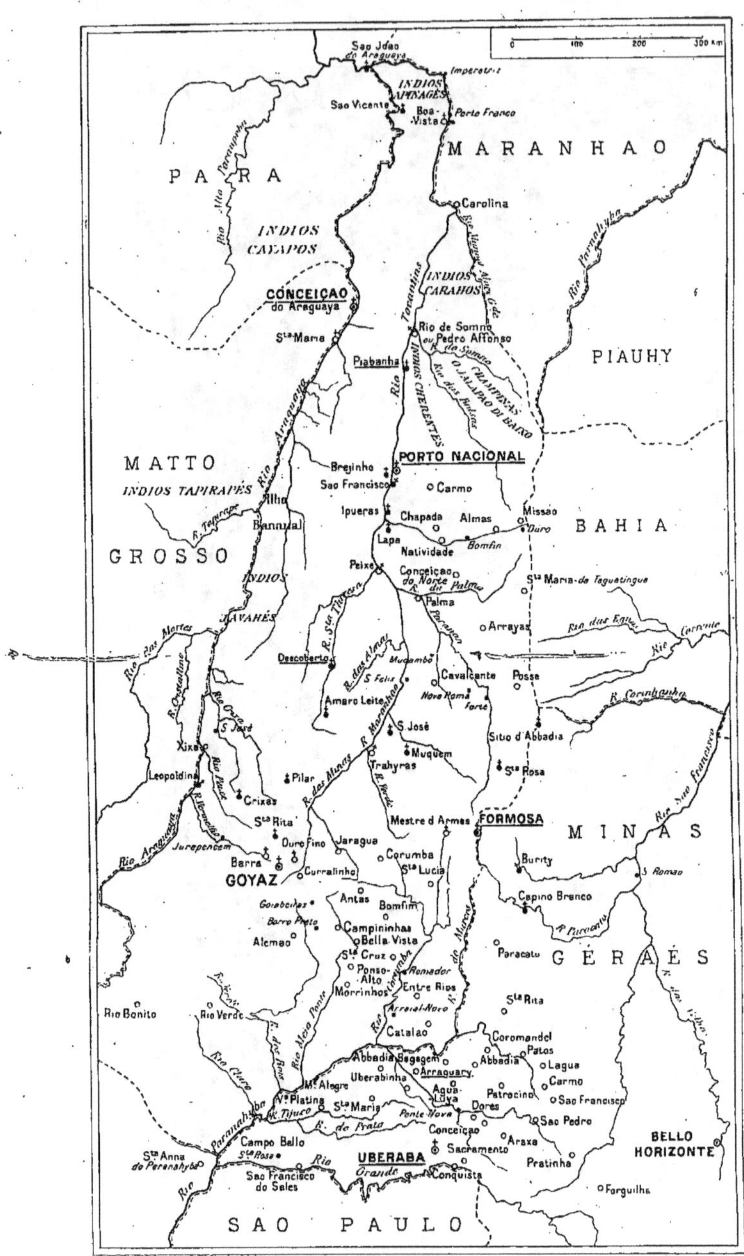

CARTE DES RÉGIONS PARCOURUES PAR L'AUTEUR
Les missions dominicaines sont indiquées par une croix.

L'AUTEUR SUR SA MULE AU MOMENT DU DÉPART

Brave Rosen ! je ne puis parler de lui sans être ému, au souvenir des dangers que nous avons courus et des jours heureux que nous avons passés ensemble, au milieu des solitudes sans limites où l'on se sent si petit et où l'on apprécie si bien la grandeur de Dieu en même temps que l'affection et le dévouement des amis.

Pendant que les religieuses préparent les provisions de route, les Pères, aidés des conseils expérimentés de Rosen, examinent les mulets et désignent ceux qu'il faut prendre pour le voyage.

Une *condução* de dix mulets suffira grandement pour effectuer, dans les meilleures conditions, les deux grandes étapes de Conceição à Porto Nacional et à Formosa. Quatre bons mulets de selle pour le R. P. Dominique, pour moi, pour Rosen et son *camarada* adjoint ; trois *cargueiros* (mulets de charge), pour les bagages et les provisions ; enfin trois *burros* de rechange en cas d'accident.

La plus remarquable de nos bêtes de selle répond au nom de *Rosinha*, appellatif que lui a valu la couleur de son poil, rose plutôt qu'alezan. De taille très supérieure à la moyenne, jeune, bien prise de formes, la tête haute, elle est jolie à ravir ; mais — faut-il le dire ? — elle est encore plus capricieuse que jolie.

Chaque matin, au départ, pendant les premiers jours, ce seront des scènes à faire peur. Seul, Rosen pourra la monter sans se laisser désarçonner. Nous l'avons vue plusieurs fois, furieuse de ne pas réussir à se débarrasser de son cavalier, se laisser tomber comme une masse sur le flanc, les quatre jambes

étendues et raides comme des barres de fer, restant
là sans mouvement comme morte.

Heureusement après cette crise, elle devient douce
comme un agneau, et n'importe qui, peut s'approcher
d'elle et la monter sans crainte.

Sur les conseils de Rosen, on m'assigne pour monture *Estrella* (Étoile), une mule douée d'éminentes
qualités et offrant toute sécurité. Son nom retentis-
sant lui vient d'une grande et belle étoile blanche
qu'elle porte sur le milieu du front.

Ses jambes de derrière, marquées de fines raies
jaunes sinueuses et parallèles, indiquent qu'elle
compte des zèbres parmi ses ascendants et, de fait,
elle a toute la force et la souplesse, l'endurance et
la solidité de ces coursiers sud-africains. Ses jarrets
sont d'acier, et rien ne saurait les faire fléchir ; son
pied de chèvre, sûr et alerte, s'accroche aux rochers
sur le bord des précipices, qu'elle franchit sans jamais
trébucher.

Elle a, pour apprécier les *atoleiros* (bourbiers ou
marais), un flair impeccable. Elle s'en approche avec
mille précautions et, si elle avance, on peut sans aucune crainte s'en rapporter à son instinct. Elle en-
foncera peut-être jusqu'au jarret ou jusqu'au poitrail ; mais que le cavalier rende simplement les rênes
et le passage redoutable sera franchi sans accident
fâcheux.

Avec cela douce comme un agneau, fidèle comme
un chien, Estrella posséderait toutes les qualités si
elle n'avait le trot un peu dur. Mais, comme dans
nos longues et rudes étapes, le trot est la grande exception, ce défaut passe inaperçu.

Voulez-vous que je vous présente le reste de notre cavalerie?

Voici, tout d'abord, le plus jeune, le plus petit et le plus espiègle de tous : *Beijaflor* (oiseau-mouche), puis *Gavião* (épervier), *Chibante* (fanfaron), *Barboleta* (papillon), *Corrente* et sa sœur *Bolivia*, tous deux d'un joli pommelé, enfin *Redondo*, ainsi appelé à cause de son gros ventre, qui ne l'empêche pas d'être un *cargueiro* sans pareil.

Voulant voyager rapidement, on maintient la décision de ne prendre comme bagages que le strict nécessaire. Trois *cargueiros* suffiront et seront même peu chargés, de manière à pouvoir suivre facilemeut les mulets de selle.

Nous n'emportons point de tente, car, en cours de route, c'est une surcharge, et une double perte de temps : il faut la monter le soir et la replier chaque matin. La voûte du ciel, avec ses brillantes étoiles, sera notre grande tente, toujours tendue par le bon Dieu, et sous laquelle on respire tout à son aise. Un hamac, accroché à deux arbres, nous suffira grandement ; c'est plus simple et en même temps plus poétique.

Dans deux petites et légères *bruacas* en cuir de chèvre divisées par compartiments faits sur mesure, sont rangés dans un ordre parfait les ustensiles de cuisine indispensables : une marmite à tout faire et une cafetière, quatre assiettes en fer, quatre fourchettes, quatre petites tasses à café et c'est tout. Le reste serait du superflu. Au désert et dans la forêt, on ne se sert jamais de cuillère. Chacun a son couteau. Le même gobelet sert pour tous à tour de rôle ou bien chacun boit dans la corne de bœuf suspendue à l'arçon de sa selle.

Du riz, du *feijão*, de la *carne secca*, du lard coupé en petits morceaux, du sel, du café et du sucre, le tout en quantités calculées sur la durée du voyage. N'oublions point de mentionner ce que les bonnes sœurs ont préparé pour le repas de la première halte : une dinde rôtie à point, un gâteau de fine fleur de farine de blé et de manioc, et... une fine bouteille de vin de Porto... à laquelle se rattache une touchante histoire.

Cette bouteille, un ami l'avait apportée du Para et offerte aux *Padres* de Conceição en reconnaissance d'un cadeau venu de France. Mais ceux-ci avaient cru ne pouvoir en faire un meilleur usage que de la donner aux sœurs pour la fête du *Divino*. Et ces saintes âmes, à leur tour, au lieu de la boire, l'avaient soigneusement gardée et cachée pour la mettre dans notre *bruaca* au moment du départ. Il y avait donc eu un *cercle* non pas *vicieux* mais *vertueux*, d'où la charité et la délicatesse des sœurs étaient sorties victorieuses.

Il ne restait plus qu'à déterminer le chemin à suivre pour arriver à Porto Nacional.

En toute hypothèse il faut traverser l'Araguaya avec mulets, armes et bagages. Mais, de la rive opposée sur laquelle est bâtie la gracieuse ville de Porto Franco, deux routes — si l'on peut décorer de ce nom ce qui n'est pas même un sentier — sont susceptibles d'être suivies pour arriver à Porto Nacional.

L'une, passant par Piabanha et Pedro Affonso, localités assez importantes évangélisées régulièrement par les dominicains de Porto Nacional, est la moins difficile, mais de beaucoup la plus longue.

L'autre, qu'on appelle la « piste de Frei Domingos » est très accidentée, mais plus directe et plus courte. On l'a ainsi nommée parce que c'est le cher Père Dominique Carrérot, qui, le premier, à l'aide simplement d'une boussole et d'une hache, l'a tracée presque en ligne droite à travers les forêts vierges.

Elle nous avait souri, d'abord, à cause de ses avantages, et nous avions décidé de la suivre, sous la conduite du Père Dominique lui-même.

Mais Rosen arrive porteur d'une lettre de nos Pères de Porto Nacional, nous demandant avec instance de suivre l'autre itinéraire, de passer par Piabanha et Pedro Affonso, afin de nous rendre compte de la situation religieuse, dans ces paroisses bien plus étendues que quatre ou cinq diocèses de France.

Cette raison est plus que suffisante pour modifier notre plan. Nous suivrons le chemin indiqué par nos Pères de Porto Nacional. Au milieu des fatigues et des dangers de cette longue étape, nous aurons au moins la consolation de nous dire que nous pratiquons la vertu d'obéissance.

Le samedi 10 juin, la sainte messe est célébrée dès l'aube. Les sœurs dominicaines, leurs élèves, les amis des Pères sont là au grand complet, c'est-à-dire que, malgré l'heure matinale, tout Conceição a tenu à assister au saint sacrifice et à nous saluer une dernière fois.

J'éprouve une peine profonde à quitter cette terre bénie de l'Immaculée Conception où j'ai passé des jours si heureux et d'où j'emporte de si doux souve-

nirs. La pauvre vie est ainsi faite de séparations douloureuses qui ne font que précéder et préparer la
dernière et la plus cruelle de toutes. Heureusement,
par delà ces déchirements, l'âme du chrétien aperçoit l'éternelle réunion des amis dans la Cité de Dieu.

Après la sainte messe vient l'instant critique des
adieux. Nous voudrions bien adresser une parole de
remerciement et d'espérance à l'assistance émue et
silencieuse, surtout aux bonnes religieuses à qui nous
devons tant. Mais notre gorge se serre, des larmes
montent à nos yeux; nous sentons que si nous
disons un seul mot, nous allons éclater en sanglots.
Mieux vaut nous taire. D'ailleurs, il est des sentiments
que la langue humaine est impuissante à exprimer.

Nous brusquons donc la séparation. Après avoir
béni la foule, nous descendons rapidement vers l'Araguaya sans oser nous retourner.

Nous voici sur les bords du grand fleuve.

Rosen et Éloy procèdent déjà à l'embarquement
des mulets. Les flots de l'Araguaya coulent avec trop
de rapidité et sur une trop grande largeur pour qu'on
puisse songer à lancer des bêtes à la nage.

Mais ce n'est pas une petite affaire que d'embarquer dix mulets dans les conditions où nous nous
trouvons. Un mauvais bac a été rapproché de la rive
et amarré à un arbre. Il s'agit de pousser sur ses
planches, l'un après l'autre, les dix quadrupèdes...
en douceur — car la violence compromettrait tout.

Certains d'entre eux se laissent introduire d'assez
bonne grâce sur le radeau où on les range de manière
à répartir équivalemment le poids sur la surface
flottante et à sauvegarder l'équilibre.

Estrella, *Beijaflor*, *Barboleta*, etc., mettent une certaine coquetterie à se montrer non seulement intelligents, mais obéissants et dignes de figurer dans une *condução* de religieux. A peine sur le bord du fleuve, ils sautent gentiment dans le bac.

Mais vient le tour de la fringante *Rosinha*. Elle se souvient, sans doute, des plantureux pâturages où elle pouvait brouter l'herbe fraîche et courir sans entraves. Amoureuse du bien-être et de la liberté, elle ne veut point les perdre et n'aspire qu'à nous fausser compagnie pour retourner à ses verts *campos*.

Tout en la caressant de la main et du geste, on la dirige vers le bac ; mais, à un mètre de la rive, elle refuse carrément d'avancer. Exhortations, flatteries, belles paroles, rien n'y fait.

Eloy la tire fortement par le licou ; mais elle s'arc-boute sur ses jambes de devant, raides comme des barres d'acier. Rosen et un jeune gars de Conceição la poussent par l'arrière-train. Oh ! alors ce sont des ruades qui les obligent bien vite à se mettre prudemment de côté.

Le Père Dominique s'approche de la monture, lui offre du sel dans le creux de la main, lui parle, la caresse et la ramène doucement vers la rive ; mais, bientôt, elle recule vivement et la voilà à dix mètres de là. Rosen, alors, lui bande les yeux et la rapproche des bords du fleuve ; mais, à défaut de la vue, son odorat ou son instinct l'avertit et, arrivée à un mètre du bac, elle s'arrête et, dès qu'on essaie de tirer sur le licou, recule vivement.

Je me souviens alors fort à propos d'une scène analogue racontée par M. Huc, dans le récit de son

Voyage à travers la Tartarie et le Thibet. Sur les bords du Hoang-ho (fleuve Jaune), une grande chamelle blanche avait retardé le départ pendant plus d'une demi-journée, par un caprice analogue. Elle reculait, elle aussi, dès qu'on la tirait en avant pour l'embarquer. Ce que voyant, le célèbre missionnaire eut recours à un stratagème qui lui réussit et que l'idée me vint d'imiter.

M'approchant de *Rosinha*, dont les yeux sont toujours bandés, je lui offre du sel dans le creux de la main ; puis je demande à Eloy de me laisser prendre le licou à sa place et de se tenir à l'écart. Alors, très doucement, avec de bonnes paroles, caressant son encolure, je la ramène vers la berge, et, contrairement à ce qui avait été fait, je tourne vers le fleuve, non plus sa tête, mais sa croupe. De la sorte, si elle recule, elle ne peut qu'entrer dans le bac. Quand ses pieds de derrière ne sont plus qu'à une petite distance de la rive, je tire fortement sur le licou. La capricieuse, fidèle à son principe de reculer quand on veut la faire avancer, recule vivement et se trouve embarquée, aux grands éclats de rire de tout le monde. Elle prend, d'ailleurs, vite son parti de la défaite et redevient douce comme un agneau.

On ferme la claire-voie en bambous du bac. Il ne reste plus aux quatre bateliers qu'à ramer vigoureusement pour effectuer la traversée du fleuve. Eloy est avec eux.

Quant à Rosen, il nous fait prendre place dans une barque plus confortable et nous arrivons à destination presque en même temps que nos montures et nos bagages.

CHAPITRE II

PREMIÈRES CHEVAUCHÉES. — HALTES NOCTURNES DANS LA FORÊT ET LE DÉSERT, LEUR CHARME ET AUSSI LEUR DANGER. — ENCORE UN CAPRICE DE LA MULE ROSINHA. — LA CRAINTE DU JAGUAR. — DES « PÉNITENTS » TROP PRESSÉS DE SE CONFESSER. — BAPTÊMES ET MARIAGES. — UNE SCÈNE PATRIARCALE.

En abordant sur la rive droite de l'Araguaya, nous trouvons réunis tous les amis, nombreux et dévoués, que les dominicains possèdent à Porto-Franco.

Sachant par expérience ce que c'est que de voyager à dos de mulet à travers les forêts vierges, ils ont voulu m'offrir un souvenir utile, et ils m'apportent un magnifique couvre-selle en peau de jaguar. Il fera un bel effet sur le dos de ma mule *Estrella* et aura l'avantage de ne craindre ni les éraflures, ni les déchirures.

La femme du colon français dont j'ai déjà parlé veut, elle aussi, me gratifier d'un cadeau. Elle m'offre un beau quartier de cerf-rôti à point, saupoudré de fine farine de manioc et enveloppé dans un sac d'une blancheur immaculée.

Sa pupille, charmante fillette de huit ans, me

présente ensuite, au nom de Porto-Franco, un magnifique bouquet d'orchidées aux brillantes couleurs. Je l'accepte de bonne grâce ; mais que faire d'un bouquet monumental, à travers la forêt où nous allons entrer dans quelques minutes? Après l'avoir pris et en avoir admiré la beauté, je le rends à la gentille donatrice, en la priant d'aller le déposer dans l'église, sur l'autel de la Très Sainte Vierge, pour que la divine Mère bénisse notre voyage.

Nous voilà en selle et en route vers le désert qui commence à peu de distance de la jeune cité.

Il est exactement dix heures, et le soleil, déjà haut sur l'horizon, nous gratifie de ses plus chauds rayons.

Eloy ouvre la marche en éclaireur. Nous venons ensuite, le Padre Domingos et moi. Rosen, à l'arrière, pousse devant lui les *cargueiros* et se tient prêt à porter secours en cas de faux pas ou d'autre accident.

Il nous a prévenus que notre première étape sera courte et suivie d'une longue pause. Il tient à habituer peu à peu les animaux au bât et à la selle. Lorsqu'on doit aller loin, il faut ménager les mulets les premiers jours, afin de ne pas s'exposer à les blesser et à entamer leur peau rendue plus sensible par le repos.

Vers midi, soit deux heures environ après le départ, nous faisons donc halte près d'un *bréjo*, qu'ombragent de superbes *buritys* (grands palmiers).

A peine dessellés, les mulets vont spontanément s'abreuver dans le cours d'eau, puis se vautrent dans les hautes herbes et, s'aidant des pieds et de la tête, réussissent, après plusieurs essais infructueux, à faire un tour complet sur eux-mêmes, frictionnant ainsi leur échine, ce qui, pour eux, est, paraît-il, la suprême satisfaction. Puis, ils s'étendent nonchalamment au soleil qui sèche leur transpiration.

Quant à nous, assis à l'ombre d'un *burity* géant, nous faisons honneur aux provisions préparées par les sœurs de Conceição, puis nous goûtons les charmes d'une sieste prolongée.

Lorsque, d'un commun accord, la période de repos est jugée suffisante, Rosen et Eloy chargent de nouveau les *cargueiros*.

Pendant ce temps, le P. Domingos et moi, sellons chacun notre mule. Il a été décidé, en effet, que nous nous acquitterions nous-mêmes pendant tout le voyage, des corvées concernant nos montures respectives. Ce système offre deux avantages : 1° il fait gagner du temps aux *camaradas*, qui n'ont plus à s'occuper que de leurs mulets et des *cargueiros*; 2° il établit une plus grande — comment dirai-je? — intimité entre la bête et l'homme. L'animal s'habitue et s'attache à son cavalier ; il obéit non plus à la cravache ou à l'éperon, mais à la voix et au commandement.

Nous chevauchons à une allure modérée et en silence, chacun de nous faisant des réflexions intimes, les uns sur ce qu'ils quittent, les autres sur ce qu'ils vont retrouver. Le P. Carrérot et Eloy sont un peu tristes au souvenir de ce qu'ils laissent à Conceição, Rosen, au contraire, tout entier à la pensée de revoir bientôt sa chère famille et sa chère cité de Porto Nacional, qui pour lui est la première cité du monde.

Vers les six heures du soir, nous arrivons à Serinha

do Canuto, lieu fixé à l'avance pour le premier campement nocturne. N'allez pas vous représenter une ville ou un village. C'est tout simplement une clairière près de laquelle coule un filet d'eau qu'on dirait canalisé de main d'homme.

Quand on arrive à la halte de nuit, si fatigué soit-on, il faut, d'abord, s'occuper de la cavalerie, décharger les quadrupèdes, leur donner un coup de bouchon ou d'étrille et les faire boire. Après quoi on leur passe des entraves en cuir et on les lâche dans l'immensité du *sertão* où ils iront brouter l'herbe à l'aventure.

Puis il faut se procurer le bois nécessaire pour cuire le repas du soir et pour entretenir jusqu'au lendemain matin un grand feu afin d'éloigner les serpents et les fauves pendant le sommeil des voyageurs.

C'est dans le choix de ces haltes de nuit que se révèle le génie du bon *camarada*. Deux écueils sont à éviter : ou bien s'arrêter trop tôt près d'un cours d'eau, de peur de n'en point trouver plus loin, et on perd ainsi une ou deux heures de marche, qui, additionnées chaque jour, donnent vite un total appréciable ; ou bien on continue et on risque d'être surpris par la nuit avant d'avoir rencontré les conditions qu'exige un bon campement, et cet inconvénient est pire.

En attendant l'heure du repas que les *camaradas* préparent, on suspend les hamacs de manière à ce que des branches d'arbres s'étalent au-dessus de la tête du dormeur et le préservent de la rosée abondante de la nuit.

Après le souper et la prière du soir, on s'installe dans la mouvante couchette, à laquelle on acquiert vite l'habitude d'imprimer un léger bercement éminemment favorable au sommeil.

Donc, quand l'étape prend fin de bonne heure et qu'on peut tout disposer convenablement, rien n'est plus poétique que ces nuits passées dans le désert ou la forêt, avec la voûte du firmament pour tente, sous le regard scintillant des étoiles et... des anges.

Mais il en va tout autrement, quand on est surpris par les ténèbres en cours de route. Pour se guider dans l'obscurité, on doit allumer un méchant bout de *rolo* (rat de cave) qui, éclairant à peine quelques pieds carrés, rend tout autour l'ombre plus épaisse. A tâtons, on essaie de suspendre le hamac à deux arbres et, comme on y réussit difficilement, on finit par s'étendre purement et simplement par terre, au risque de voisiner avec un nid de fourmis, un trou de serpent, un repaire de fauves.

Quant à faire la corvée du bois, il n'y faut pas songer, car il serait souverainement dangereux de s'écarter : on risquerait de ne plus retrouver ses compagnons et d'être victime de l'un ou l'autre des mille dangereux seigneurs dont parle le Psalmiste : *Facta est nox; in ipsa pertransibunt omnes bestiæ silvæ, catuli leonum rugientes ut rapiant et quærant escam sibi...*

N'ayant point de feu pour éloigner les serpents et les fauves, on n'a d'autre ressource que de se serrer les uns contre les autres pour faire bloc et face à l'ennemi en cas d'alerte. Le *camarada* place à portée de sa main son coutelas et son fusil. Le missionnaire, lui, passe le Rosaire autour du cou et s'endort en se recommandant à la toute-puissante Reine du Ciel.

Dieu merci, nous arrivons à Serinha do Canuto bien à temps pour installer convenablement notre campement.

Rosen, qui connaît l'instinct des animaux, craint que nos mulets ne soient tentés de nous faausser compagnie pour s'en retourner à Santa Rosa. Afin de couper court à toute velléité de fugue, il leur passe à tous de solides entraves plus courtes encore que d'habitude et dispose nos hamacs de façon à former une ligne courbe barrant la clairière dans toute sa largeur. Mon hamac, solidement suspendu à deux grands arbres, se trouvait placé à peu près au centre du demi-cercle.

Tout ainsi bien réglé, nous ne tardâmes pas les uns et les autres, à nous endormir profondément.

Vers minuit, je fus soudain réveillé en sursaut. Une grande secousse, comme un formidable coup de botte, avait fait tressauter mon hamac et contusionné mes membres inférieurs ; en même temps, j'entends tout à côté, la chute d'un animal qui se débat furieusement sur le sol.

En un instant, je suis debout et tous mes compagnons arrachés au sommeil également, se lèvent précipitamment. Les suppositions les plus fantastiques se présentent à mon imagination et, instinctivement, je saisis mon revolver.

Rosen a vite deviné de quoi il s'agit.

— Ne tirez pas, crie-t-il, c'est un de nos mulets.

C'est, en effet, la fameuse *Rosinha*, qui, prise de nostalgie, avait voulu revenir à Conceição. La barrière formée par les hamacs ne l'avait pas épouvantée. Consciente de ses forces et de son agilité, elle espérait franchir d'un bond ce barrage. Mais les entraves mises par Rosen à ses pieds avaient ralenti son élan ; ses sabots avaient heurté mon hamac et un peu meurtri le dormeur. Elle se débattait sur le sol aussi furieuse que honteuse de son échec.

Nous rions tous de l'incident. N'empêche que, si la ruade de *Rosinha* avait porté quelques centimètres plus loin, je pouvais avoir les côtes enfoncées ou même le crâne brisé. Nous en sommes, grâce à Dieu, quittes à peu de frais.

Rosinha est attachée solidement par le licou à un arbre, et bientôt nous nous rendormons tous, jusqu'à quatre heures du matin.

Nous célébrons le saint sacrifice et, aux premières lueurs de l'aube, nous sommes en route vers la *casa* du Piquizey, où nous voudrions bien arriver avant la nuit.

Voyageant, non en amateurs mais en apôtres, nous ferons un détour afin de voir deux braves colons (un père et son fils) qui se chargeront d'avertir à la ronde tous les catholiques, que le lendemain, de bon matin, la sainte messe sera célébrée au Piquizey et les sacrements administrés.

A dix heures, nous atteignons la demeure de ces bons paroissiens. Quelques minutes après, c'eût été trop tard ! Ils allaient partir pour aller vers le nord où était signalée la présence d'un couple de jaguars adultes qui ravageaient la contrée.

Dès que nous les avons informés du service que nous attendons d'eux, ils renvoient à un autre jour la chasse projetée. Ils tiennent à ne pas manquer une de ces trop rares occasions d'assister au saint sacrifice.

— Sans parler des voisins relativement peu éloignés qui seront, comme nous, bien aises de remplir leurs devoirs religieux, il y a, nous dit le père, à une trentaine de kilomètres d'ici, trois enfants déjà grandelets à baptiser et, probablement aussi, deux couples de fiancés à marier. Nous allons, mon fils et moi, nous partager le travail, nous avertirons tout le monde.

A cinq heures du soir, nous arrivons à Piquizey.

C'est une simple *casa* comme toutes celles du *sertão*. Tout à côté se trouve un hangar couvert avec des feuilles de bananier. On y a mis à sécher des peaux de cerf, de serpents et de jaguar, ce qui prouve que la région est le rendez-vous favori des grands fauves, qui viennent y guetter leur proie.

Il offrirait un bon gîte pour la nuit. Mais les peaux mises à sécher ont encore des lambeaux de chair exhalant une odeur putride. Je préfère suspendre mon hamac à la lisière de la forêt.

Le maître de la *casa* est bien pauvre; mais nos provisions sont abondantes. C'est donc nous qui l'invitons à partager notre repas du soir.

Après le chapelet récité en famille et le *Salve Regina*, nous nous disposons à prendre du repos.

Le *Padre* Domingos qui a déjà ressenti un léger frisson de fièvre, se décide à rester dans le hangar malgré sa détestable odeur. Rosen et Eloy, que ce détail n'incommode aucunement et qui craignent la rosée nocturne, veulent, eux aussi, partager cet abri.

Mais, auparavant, Rosen m'accompagne jusqu'à mon hamac, suspendu à la lisière de la forêt, à une centaine de mètres de la *casa*. Il s'aperçoit que je suis un peu inquiet à la pensée de me trouver seul si loin des autres dormeurs.

— Ne craignez rien, me dit-il ; les jaguars se garderont bien d'approcher, car ils sentent notre présence et notre poudre. Cependant, pour plus de sûreté, enfoncez-vous bien dans le hamac. Ne laissez paraître en dehors ni bras ni jambes, car, si les fauves l'aperçoivent, ils ont vite fait de le saisir à belles dents. Tant que l'homme est enfoncé dans son hamac, il n'a rien à redouter. Les fauves viendront tout près, peut-être, ils flaireront le dormeur ; mais, s'il garde son sang-froid et reste immobile, il est parfaitement en sûreté et ne risque pas d'être tiré de son berceau. Cela, conclut-il, tous les vrais chasseurs vous le diront.

Cette savante théorie ne me rassure qu'à moitié, et je prie l'excellent *camarada* de m'aider à décrocher le hamac pour aller le suspendre beaucoup plus près de la *casa*. Là, aucun danger n'est plus à redouter.

Sous le couvert de deux grands palmiers dont les larges feuilles me préserveront de l'humidité, mon épais béret rabattu sur la figure pour me garantir de la piqûre des moustiques et ayant bien soin de ne laisser pendre hors du hamac ni bras ni jambes, je m'installe et je m'endors.

Il était un peu plus de minuit. Après un premier sommeil, je venais de regarder l'heure à ma montre et de me repelotonner dans mon berceau aérien, mon grand béret blanc toujours rabattu sur les yeux.

J'étais donc bien sûr de ne pas être le jouet d'un rêve, lorsque, du côté de la forêt, j'entendis le bruit de branches qui se cassaient au passage d'un être vivant. A en juger par l'apparence, il se dirigeait vers moi.

Était-ce un gros serpent, un fauve redoutable, ou bien un inoffensif tatou, comme il y en a tant dans le désert brésilien?

Impossible de le savoir. Le plus sage était donc de rester tranquillement dans le hamac.

Mais tout à coup le bruit se rapproche, et bientôt je me sens remué, poussé, palpé, à travers la frêle enveloppe de ma couchette, par une main ou une patte. Je suis bien éveillé. Le doute n'est pas possible. Qu'est-ce donc?

Me ressouvenant des recommandations de Rosen, je ne bouge pas plus qu'un cadavre.

La poussée se renouvelle... J'allais me décider à appeler au secours, quand j'entends une voix d'homme murmurer :

— Mais, tu le vois bien, le *Padre* dort profondément... Il est fatigué ; laisse-le donc tranquille !

Ce à quoi une voix féminine répond :

— *Não, não* (non, non), je veux me confesser.

En même temps, je me sens bousculé de plus belle, tandis que retentit cette phrase articulée sur un ton élevé :

— *Padre, padre,* je viens pour me marier, voulez-vous me confesser?

Je respire plus à l'aise, et, relevant aussitôt mon béret, je distingue, à la lueur des étoiles, un beau jeune homme et une grande jeune fille.

Je leur explique qu'il y a temps pour tout. La cérémonie ne commencera pas avant cinq heures ; ils peuvent donc aller s'étendre sous le hangar et se reposer jusqu'à quatre heures. Ils n'ont pas l'air de goûter ce raisonnement si simple. Ils s'asseyent à quelques pas du hamac, tandis que je m'efforce de me rendormir.

Mais, quelques minutes plus tard, une nouvelle et forte secousse était imprimée à mon hamac en même temps qu'une jeune fille criait :

— *Padre*, nous sommes les fiancés et nous voulons nous confesser.

C'était un second groupe qui venait d'arriver.

J'explique à nouveau que rien ne presse, que je ne peux pas entendre les confessions ainsi dans la forêt en pleine nuit, que tout se fera en son temps dans la *casa*. Impossible de leur faire entendre raison. Ils tiennent à leur idée et veulent séance tenante mettre leur conscience en règle.

Nous allons donc trouver le P. Carrérot que le bruit a, du reste, déjà éveillé et qui, habitué à pareille aventure, n'est point surpris de ce qui arrive.

Pendant ce temps, les enfants à baptiser et les *padniños* (parrains) arrivent.

La cérémonie peut commencer.

Pour les baptêmes, aucune difficulté sérieuse ne se présente. Les enfants à baptiser sont déjà assez grands et sages comme de petits anges. Les *compadres* ont choisi de beaux noms, harmonieux et ronflants, sans se préoccuper de savoir si ce sont des noms de saints, de plantes, d'animaux ou d'étoiles ; mais toute discussion à ce sujet serait parfaitement inutile. Plutôt que de renoncer au nom choisi, on renoncerait à baptiser l'enfant.

Le missionnaire tourne la difficulté en ajoutant au triomphal vocable imposé par le parrain un nom de saint : *Maria*, pour une fille, et pour un garçon *Domingos* (Dominique), qui sonne très bien en brésilien et produit généralement bon effet.

Les mariages sont trop peu nombreux pour qu'il puisse y avoir confusion de fiancés et qu'on soit obligé d'avoir à recommencer, comme cela est arrivé parfois : Rosa ayant été, par inadvertance, mariée avec João, au lieu d'être mariée avec Francisco.

Après la messe, les femmes rentrent dans l'appartement qui leur est réservé, et nous convions les hommes à prendre le café avec nous dans la varanda. Cette boisson nationale est absorbée dans un recueillement et un silence qui nous étonnent en pareille circonstance.

Notre surprise augmente encore lorsque nous voyons les hommes entrer dans l'appartement où les femmes achèvent, elles aussi, de prendre le café, et y entrer avec la gravité de prêtres pénétrant dans le sanctuaire.

Intrigués et curieux, nous les suivons avec l'assentiment du maître de la *casa*, condition indispensable malgré notre caractère de prêtre et de religieux.

Le maître du logis s'assied le premier, et, à sa droite, viennent s'asseoir par rang d'âge tous les pères de famille présents (ils sont cinq en tout). Les jeunes mariés se placent debout en face d'eux, les mains croisées sur la poitrine, dans l'attitude de la prière.

Le plus jeune *paterfamilias* commence alors, d'un

ton calme et solennel un discours très bien tourné sur le mariage chrétien, envisagé au point de vue religieux et national. Dignité du sacrement, obligations réciproques des époux, devoirs envers la patrie du ciel et celle de la terre, en donnant à l'une et à l'autre une nombreuse génération de citoyens, rien n'est laissé dans l'ombre.

Quand il a fini, un deuxième chef de famille reprend l'exposé des mêmes vérités, mais en termes différents. Puis c'est le tour du troisième et ainsi de suite jusqu'au dernier — le plus âgé — qui termine gravement en donnant à tous les jeunes couples la bénédiction dont les patriarches de l'ancienne loi gratifiaient leurs enfants : « Que le Dieu tout-puissant vous bénisse comme je vous bénis ! Que vous viennent d'en haut toutes les bénédictions du ciel ! Daigne le Seigneur faire naître de vous une nombreuse lignée de bons chrétiens, etc. »

Cette scène patriarcale était fort touchante. Les discours, vraiment remarquables pour le fond et pour la forme, avaient chacun son cachet particulier. L'un insistait sur le respect que se doivent les conjoints ; celui-là sur le devoir d'obéissance et d'amabilité de l'épouse envers l'époux, un autre sur la manière d'élever ses enfants, etc.

Je demandai au *Padre* Domingos d'où étaient tirées ces homélies et dans quel manuel elles se trouvent consignées.

— Elles ne sont écrites ou imprimées nulle part, me dit le Père ; seule la tradition les conserve. Le fond en est invariable ; quant à la forme, chacun y met la sienne. De même qu'en France les méridionaux sont naturellement beaux parleurs, de même les gens du nord du Brésil, où le soleil est bien plus chaud et plus rayonnant que dans le midi de la France, sont tous orateurs et doués d'une surprenante éloquence.

A notre tour, nous donnâmes une solennelle bénédiction non seulement aux époux, mais à toute l'assemblée.

Notre ministère n'avait plus à s'exercer et nous nous empressâmes de seller nos mulets.

A sept heures précises, nous sommes à cheval et prêts à partir. Les nouvelles mariées, avec une aisance et une grâce parfaites, viennent offrir à tous les cavaliers une tasse de café bien chaud... le coup de l'étrier et de la despedida.

CHAPITRE III

UN VOL DE PERRUCHES. — PASSAGE DANGEREUX ET
MULET EN DANGER DE MORT. — RECTIFICATION
D'UN PRÉJUGÉ GASTRONOMIQUE. — A TRAVERS
LES HAUTES HERBES. — EN PROIE AUX MOUSTIQUES.
— ENCORE DES BÉNÉDICTIONS MATRIMONIALES. —
CONFESSION TROUBLÉE PAR UN SERPENT A SON-
NETTES. — VEILLE DE LA FÊTE-DIEU. — PIEUX PRO-
JET DE CHEVAUCHÉE NOCTURNE.

Nos mulets impatients tirent sur les rênes. Nous
les laissons partir à grande allure. Ayant reçu double
ration de maïs, ils sont pleins d'une noble ardeur.

Après une demi-heure de marche, tout à coup nos
oreilles sont assourdies par des cris aigus venant
des hauteurs du ciel. C'est un vol de perruches aux
brillantes couleurs qui passe à une très grande hauteur au-dessus de nos têtes. Une arme ordinaire
ne saurait les atteindre. A quoi bon, d'ailleurs, tirer
sur elles? Leur chair est coriace. Leurs plumes bleues,
jaunes ou roses, seraient sans doute un bel ornement
pour le chapeau d'une élégante ; mais prêtres et
religieux, nous avons pour mission de combattre le
luxe, non de le favoriser.

Rosen et Eloy pensent probablement différemment,
car nous les voyons épauler leur fusil de guerre chargé

à balle et portant à deux mille mètres. Sans mettre pied à terre ni même ralentir la marche de leur mulet, ils tirent plusieurs coups sur les innocents volatiles, qui se croyaient sans doute bien en sûreté. Quatre tombent et sont prestement ramassés et suspendus à l'arçon de la selle.

Vers onze heures se présente un cours d'eau. La traversée paraît n'offrir aucune difficulté. Une centaine de mètres de large, tout au plus un mètre de profondeur, des rives en pente douce. Nous pourrons donc rester tranquillement en selle, sauf à relever légèrement les jambes aux endroits les plus profonds.

J'allais pousser ma mule en avant et entrer dans le courant, lorsque Rosen crie : « Halte ! » d'une voix impérative.

A certains signes, il devine que le passage peut n'être point sans danger, et, conscient de sa responsabilité, il veut procéder à une enquête.

Il amène un des mulets sans charge, au bas de la berge et, d'un vigoureux coup de cravache, le contraint d'entrer dans l'eau. Le bête avance résolument tout d'abord, puis, parvenue au milieu du courant, piétine péniblement sur place : on dirait que ses jambes sont retenues au fond de l'eau.

— Qu'y a-t-il donc? demandai-je à Rosen.

— Le mulet se trouve sur un fond de sable mouvant... il va s'enlizer... il est perdu !

Heureusement, le quadrupède, au prix de vigoureux efforts, réussit à dégager ses pieds de devant. Il recule ensuite vivement, fait un crochet à gauche et avance de nouveau. Cette fois, c'est le bon chemin,

la terre ferme. Il aborde bientôt sur la rive opposée,
où, de sa plus belle voix, il entonne une fanfare
de triomphe, semblant nous dire en son langage :
« Je suis joliment content ! je viens d'échapper à un
grand péril ! j'ai vu la mort de près ! Attention, vous
autres ! » Pour un mulet, ce n'est pas trop mal rai-
sonner.

Rosen ne l'a pas quitté des yeux.

— Suivez-moi bien, dit-il, et ayez confiance.

Il entre le premier dans le fleuve, en suivant la
direction tracée par l'intelligent animal. Nous allons
derrière lui, à la file indienne, la tête du deuxième
mulet touchant la queue du premier et ainsi des
autres.

Au bout de quelques minutes, nous sommes tous
sur la rive opposée, et, à l'ombre de palmiers géants,
nous faisons halte pour le repas du midi.

Pendant qu'Eloy cuit le riz, Rosen, à notre grand
étonnement, plume les perruches et, après les avoir
convenablement vidées et passées par la flamme
pour enlever le reste du duvet, les embroche sur un
roseau et les fait rôtir avec une visible satisfaction.

— Quatre perruches, dit-il, et nous sommes quatre.
Chacun de nous en aura une.

— Oh ! moi, déclarai-je d'un air dédaigneux,
j'abandonne volontiers ma part, car mes dents ne
sont pas assez fortes ni assez aiguës pour déchiqueter
cette viande plus dure, sans doute, que le cuir de mes
bottes. En France, personne n'aurait l'idée de tuer
une perruche ou un perroquet pour les manger et,
quand ils meurent, les chats n'en veulent point.

Rosen se contente de sourire, attise le feu, tourne

3

et retourne les volatiles qui exhalent bientôt un parfum du meilleur augure et prennent une teinte dorée fort appétissante. A la fin, il les retire du foyer, les saupoudre de fine farine de manioc et m'en présente une gracieusement :

— Père, dit-il, manger deux perruches rôties à point, ne serait point pour me déplaire ou m'embarrasser ; mais je vous aime trop pour faire un excellent repas à vos dépens. Dégustez-moi celle-ci et vous me direz ensuite si les matous français font preuve de jugeote en méprisant un tel mets.

« L'homme, dit Aristote, n'a d'autre moyen de juger de la *substance* que par les *accidents*. » Or, ici les « accidents », c'est-à-dire la couleur dorée et l'arôme exquis, ont déjà fortement fait brèche à mes vieux préjugés.

Sans que le brave *camarada* ait besoin d'insister, j'attaque le morceau qu'il m'offre et, du premier coup de dent, je constate qu'il a raison. Les perruches ainsi préparées sont tendres comme des perdreaux. Bientôt il n'en reste que les débris osseux.

Nous ne tardons pas à repartir.

A perte de vue, la plaine est couverte de hautes herbes désséchées, repaire de tous les reptiles de la création. Nous n'avons cependant pas grand'chose à craindre, car, d'ordinaire, le mulet devine à distance et évite soigneusement les terribles crotales.

Rosen nous raconte que, par contre, certains mulets d'humeur combattive ne craignent pas de leur livrer bataille et les écrasent sous leurs vigoureux sabots. Je me félicite d'avoir en *Estrella* une monture dénuée d'instincts aussi inquiétants, car, malgré toute son adresse, le quadrupède peut mánquer le reptile et celui-ci ne point manquer le cavalier ; or, la morsure d'un serpent à sonnette vous expédie promptement dans l'autre monde.

Vers les trois heures, au plus fort de la chaleur, nous entendons tout à coup un bruit curieux sortir du milieu des hautes herbes. On dirait des gammes chromatiques exécutées avec maëstria par plusieurs douzaines de musiciens.

Rosen met aussitôt pied à terre, et, le fusil à la main, il s'avance, rampant comme un jaguar à travers le fourré. Soudain un coup de feu retentit et l'étrange musique se tait. Bientôt Rosen revient portant triomphalement un oiseau comme une oie mais plus haut perché sur pattes.

Les cris entendus, ces gammes chromatiques si parfaites, venaient d'une bande de petites autruches grises appelées *sariemma*.

Voilà donc pour le repas du soir un rôti nouveau. Vraiment la Providence a pour nous des attentions maternelles et Rosen n'en laisse perdre aucune.

A cinq heures et demie, nous campons près d'un *brejo* idéal, ombragé par de grands palmiers auxquels nous pourrons suspendre nos hamacs. Le *capim* (fourrage) lui-même est abondant et de première qualité ; les mulets auront donc part à la fête et resteront tout à côté de nous.

Le lendemain, dès quatre heures, nos messes sont célébrées et, aussitôt après, nous sommes en route pour la *Serra dos Karajas...*, dénommée plus souvent encore — et pour cause, hélas ! — *Serra dos Mosquitos.*

Rarement avons-nous eu journée aussi pénible.

La montagne est déboisée, ses pentes abruptes sont couvertes de cailloux qui roulent sous les pieds des mulets et déterminent parfois de vraies avalanches de pierres.

A certains endroits, le chemin côtoie des abîmes dont la profondeur donne le vertige. Le plus sûr est de se confier en Dieu et de s'abandonner à l'instinct des animaux.

Tout cela serait encore peu de chose ; mais, sous les ardeurs du soleil, le sol s'échauffe et donne l'impression qu'on marche sur un brasier.

Soudain, on est assailli de tous les côtés à la fois, par des myriades de moustiques, dont les aiguillons nous mettent bientôt la figure et les mains en sang. Avec un bourdonnement infernal qui donne le frisson, ils pénètrent dans les oreilles, le nez, la bouche, les yeux. Impossible de s'en préserver : « Ils sont trop ! » Pour quelques unités qu'on écrase, des milliers prennent aussitôt leur place.

Les mulets eux-mêmes, malgré leur peau résistante, ne sont pas à l'abri de ces terribles insectes qui s'acharnent sur tout être vivant, assez audacieux pour pénétrer dans leur domaine, dans cette *serra* qui porte leur nom expressif et redouté : *dos mosquitos*. Bientôt, excédés par les piqûres, nos coursiers s'énervent, s'agitent, ruent, se cabrent, sur le bord de précipices où l'équilibre et la vie ne tiennent qu'à un fil.

Impossible de faire halte, même pour le repas. Il faut marcher, marcher toujours, afin de sortir au plus tôt de cet enfer.

Rosen nous distribue quelques tranches de *sariemma* réservées de la veille. Tout en continuant à chevaucher, nous y mordons à belles dents ; mais nous ne sommes ni les premiers ni les seuls à les entamer, car les morceaux de viande sont à peine dans nos mains qu'une multitude de moustiques s'abat sur eux. On a beau les secouer ; les bestioles s'y cramponnent et il faut se résoudre à tout avaler, même quelques petits vers blancs qui déjà ont élu domicile dans les replis de cette provende.

A midi et demi, nous entendons tout à coup des cris d'appel, que redisent les échos de la *serra*. Ils sont poussés par un jeune homme qui vient à nous de toute la vitesse de son petit mulet zébré et nous a bientôt rejoints.

Comme il est impossible de faire halte dans cette zone infestée de maringouins, il nous parle tout en chevauchant à nos côtés.

— Je suis, dit-il, à votre recherche depuis ce matin pour une affaire réclamant votre ministère. Mon frère aîné est fiancé depuis un an à une jeune fille et tous deux aspirent impatiemment à la célébration du mariage. Ils ont appris votre passage dans la *serra* et je suis venu vous prévenir.

Avant que nous ayons ouvert la bouche pour lui répondre, Rosen, l'arbitre suprême des étapes, intervient :

— Tu peux être tranquille, lui dit-il, ton frère sera marié demain matin ; mais il faut qu'il vienne nous rejoindre au campement où nous arriverons à la nuit tombante... Vois-tu, là-bas, au loin, cette tache noire qui se confond avec le ciel ? C'est la première forêt du Tocantins. C'est là que, ce soir, nous suspendrons nos hamacs et demain matin nous y serons encore.

— Bien, bien ! dit le jeune homme, demain à l'aube, mon frère, sa fiancée et les deux familles, nous vous y retrouverons.

Il dit et, caressant de la main l'encolure de son petit zèbre, il détale à toute vitesse.

Nous filons, nous aussi, à grande allure, pour sortir au plus tôt de ces lieux hantés par des myriades d'êtres malfaisants qui ne nous laissent aucun instant de repos.

Nous arrivons enfin à la lisière de la forêt tocantinienne. Mais dans quel état ! Le front, les oreilles, le nez, les paupières, les lèvres, criblés de piqûres, qu'on dirait venimeuses tant elles nous brûlent. Tout ce qui n'a pu être garanti, est en sang. Il faut, cependant, bien éviter de se gratter pour apaiser la démangeaison, car le remède serait pire que le mal. Tremper le doigt dans sa salive et le passer légèrement sur les parties atteintes est le seul moyen de calmer un instant l'intolérable cuisson.

Harassés de fatigue, nous ne songeons pas même à préparer le souper. Les hamacs sont suspendus aux arbres, Rosen donne à chacun une double ration de café, et, aussitôt après le *Salve Regina*, nous nous endormons.

A quatre heures, nous sommes debout et l'autel est dressé. Je célèbre ma messe. Le Père Dominique se réserve pour celle du mariage.

Le jour se lève ; mais les fiancés ne paraissent pas encore et l'oreille exercée de Rosen ne perçoit aucun bruit dans le lointain annonçant leur approche.

Six heures, sept heures, huit heures, et rien.

Qu'est-il donc arrivé?... Les jeunes gens se seraient-ils dédits, ou bien auraient-ils hésité au dernier moment?

Suppositions tout à fait improbables car, dans le *sertão*, on a, au plus haut degré, le respect de la parole donnée et le culte de l'honneur.

Le retard doit-il être imputé, comme souvent en France, aux interminables préparatifs de la toilette de la mariée? L'idée n'en peut même pas venir, tant se réduit à peu de chose le vestiaire féminin dans les régions inhabitées que nous traversons!

Vers neuf heures, las d'attendre, le Père Dominique se disposait à célébrer la sainte messe, quand tout à coup crépite dans le lointain une salve de coups de fusils. Nos *camaradas* ripostent aussitôt par une double décharge. C'est ainsi que les voyageurs s'appellent et répondent dans le désert.

Quelques instants après, apparaît une joyeuse bande de cavaliers et d'amazones. Ce sont les retardataires; mais au lieu de reproches, ce sont des félicitations qu'ils méritent. Les deux fiancés nous en amènent quatre autres qui n'ont été prévenus de notre passage que fort avant dans la nuit. Ils se sont mis aussitôt en marche, pour ne pas perdre cette occasion inespérée de faire bénir leur union par un prêtre. Il y a là, devant nous, des gens qui ont fait plus de cent kilomètres.

Pendant que j'entends les confessions, assis un peu à l'écart sous un grand arbre dont les racines proéminentes me servent de siège et dont le feuillage nous garantit du soleil, le Père Dominique prend les informations nécessaires pour s'assurer qu'il n'existe aucun empêchement dirimant aux mariages projetés. Ce n'est pas chose facile, car les intéressés répondent souvent à côté de la question et de la vérité. Mais mon confrère est expert en la matière et il arrive assez vite à se convaincre que les trois mariages peuvent être validement et licitement contractés.

J'allais donner l'absolution au dernier pénitent, un enfant d'une dizaine d'années, lorsque je remarquai qu'il était visiblement distrait. Ses grands yeux semblaient chercher quelque chose dans le fouillis de branches et de lianes qui nous abritaient. Tout à coup, il bondit et de son coutelas il tranche la tête d'un serpent à sonnette qui se dissimulait derrière le rideau de feuillage.

Puis, très calme, il se remet pieusement à genoux en disant :

— Père, excusez-moi ; je ne serai plus distrait maintenant.

Il n'y a plus qu'à procéder à la bénédiction nuptiale. Le Père Dominique aligne les futurs époux à côté l'un de l'autre avec ordre formel de ne plus bouger, afin d'éviter ce qui était arrivé sur les bords de l'Araguaya, où par suite d'un changement de place, Rose avait été mariée avec Dominique et non pas avec François, tandis que Marguerite, fiancée de Dominique, avait répondu *oui* à côté de François et épousé ce dernier, ce qui ne faisait le compte ni des uns ni des autres. Heureusement que l'erreur matérielle était manifeste et involontaire, et l'on en fut quitte pour recommencer les interrogations rituelles.

Ici, rien de semblable ne se produisit. La cérémonie en pleine forêt vierge, à l'ombre de grands palmiers, fut des plus recueillies et des plus touchantes. Rien n'y manqua, pas même une gracieuse allocution du Père Dominique sur la grandeur, la sainteté et les devoirs du mariage chrétien. Toute l'assistance fit la sainte communion avec une piété et une ferveur qui nous édifièrent grandement.

Après la sainte messe, une des familles offrit quelques tranches de cerf rôti, qui furent trouvées excellentes. Rosen y ajouta une bonne tasse de café et l'on se sépara, en louant et bénissant le Seigneur.

Le soir, nous campâmes dans une clairière, à une cinquantaine de kilomètres de la petite ville de Pedro Affonso ou *Rio do Somno*. Nous aurions bien voulu y arriver, afin d'y célébrer la messe, le lendemain matin, jeudi de la Fête-Dieu, jour chômé au Brésil. Mais Rosen avait déclaré que c'était impossible.

— Nos montures sont fatiguées, avait-il dit ; on aurait beau partir au petit jour, on n'atteindrait les rives du Tocantins qu'à midi et on ne serait pas avant deux ou trois heures à *Rio do Somno*, car la traversée d'un fleuve large et profond comme le Tocantins n'est pas une petite affaire.

La nuit arrive, nuit très sombre, et il faut attiser le feu pour n'être point plongé dans une obscurité complète. Tout en attendant le moment de s'étendre dans les hamacs, on devise de chose et d'autre. Malgré moi, cependant, je suis distrait. Ma pensée est ailleurs. Elle s'en va à travers les espaces aux habitants de *Rio do Somno*. Je me représente ces braves chrétiens qui voient si rarement le missionnaire et seraient si heureux d'entendre la sainte messe le lendemain. S'ils se doutaient de notre présence ici, ils trouveraient sûrement le moyen de vaincre la difficulté. Pourquoi n'en ferions-nous pas autant?

Profitant d'un arrêt dans la conversation, je demande tout à coup à Rosen :

— A quelle heure la lune se lèvera-t-elle cette nuit?

— Un peu après minuit ; mais pourquoi cette question? Pensez-vous toujours à célébrer la messe à *Rio do Somno?*

— Pourquoi pas? Rosen, écoutez-moi bien. Les *cargueiros* ont besoin d'une bonne nuit de repos. Ils ne peuvent partir qu'au petit jour, donc trop tard pour arriver en temps utile à *Rio do Somno*. Mais *Estrella* et *Gavião* ne connaissent pas la fatigue et sont capables de fournir encore une course. Laissons-les dormir jusqu'à ce que la lune se lève. Alors, vous et moi, nous nous mettrons en route et nous arriverons avant dix heures... Rosen, souvenez-vous que vous êtes de père en fils *camarada* des *Padres!* et un *camarada* à qui rien n'est impossible!... Est-ce dit?

— Père, vous avez raison ; c'est faisable... mieux que cela! c'est fait. On peut demander à *Estrella* et à *Gavião* un coup de collier extraordinaire ; leur vaillance ne s'en effarouchera pas. Le Père Dominique et Éloy partiront demain matin en plein jour avec les mulets de charge.

Il est neuf heures du soir. Je gagne aussitôt mon hamac et je m'endors bientôt en rêvant à la joie des habitants de *Rio do Somno* quand ils me verront arriver pour célébrer la messe de la Fête-Dieu.

CHAPITRE IV

DÉLICIEUSE ÉTAPE NOCTURNE. — SUR LES BORDS
DU TOCANTINS. — PAS D'EMBARCATION POUR LE
TRAVERSER. — SIGNAUX INUTILES. — ROSEN TRA-
VERSE LE FLEUVE A LA NAGE ET RAMÈNE EMBAR-
CATION ET BATELIERS. — MESSE ET SERMON. —
DES VŒUX SURPRENANTS. — CHEZ LE « COLONEL »
JOSÉ ANTONIO. — RÉCEPTION CORDIALE ET PLAN-
TUREUX FESTIN. — CAUSERIE NOCTURNE. — NOBLE
PROPOSITION DE NOTRE BRAVE AMPHYTRION. —
RÉVOLUTION EN PERSPECTIVE. — LE NOM OFFICIEL
DE PEDRO AFFONSO. — LA LÉGENDE DE FLEUR DE
PARADIS.

A une heure du matin, Rosen et moi, nous
sommes en selle et partons. La lune commence à
peine à dissiper les ombres de la nuit, et il nous
serait impossible de nous conduire nous-mêmes.
Le plus sage est donc de laisser les rênes flot-
tantes pour s'abandonner à l'instinct de nos montures. *Gavião* marche le premier ; *Estrella* le suit
fidèlement.

Rosen a solidement attaché au pommeau de sa
selle ma chapelle portative et tient son fusil en main,
prêt à tout événement. J'ai fait de même pour mon
petit missel et la boîte des hosties ; mes mains libres

peuvent écarter les branches et les lianes qui nous
barrent souvent le chemin.

Rien ne saurait donner une idée du charme de cette
chevauchée. Mais il faut n'être, ni peureux, ni nerveux, ne point se laisser émotionner par les mille
bruits de la forêt et par le passage d'animaux qui,
sous les voûtes de verdure aux pâles lueurs de la
lune, revêtent des formes fantastiques.

Tantôt un cerf ou un inoffensif tatou détalent à
travers les broussailles avec des allures de jaguar ;
tantôt un grand oiseau de proie pousse des cris aigus
qu'on prendrait pour des appels d'hommes en danger.
Parfois les fuyards passent si près de nous que nos
coursiers font un bond de côté ou se cabrent. Gare
alors au cavalier inattentif ou novice, car, en moins
de temps qu'il ne faut pour le dire, il vide les arçons
et se trouve par terre.

Dans les forêts vierges et sauvages du nord du
Brésil, la vie se développe avec une prodigalité, une
exubérance, une variété, une fantaisie inimaginables.
Si le Créateur se révèle admirable dans les flots de
la mer et dans les feux du ciel, sa gloire n'est pas
moins brillamment exaltée dans les immensités boi-
sées, où tout, même la mort, chante la puissance de
l'auteur de la vie. Sur le tronc décrépit d'un arbre
abattu par la tempête, prennent naissance immédiatement mille nouvelles plantes, et même d'autres
arbres qui se nourrissent aux dépens de l'ancien.
C'est le triomphe de la nature vivante que la main
d'homme n'a pas encore anémiée en voulant l'assou-
plir à ses lois.

Après cinq heures de chevauchée à travers ces merveilleux sous-bois, nous débouchons sur un plateau découvert qui domine le Tocantins. Bientôt nous sommes sur sa rive gauche. La ville de Pedro Affonso se trouve de l'autre côté. Il nous faudra donc traverser le fleuve qui, à cet endroit, mesure plus d'un kilomètre de large.

Rosen se met à la recherche d'une embarcation, mais la plage est déserte ; nous avons beau la fouiller dans tous les sens : aucun esquif ne s'y trouve. Force nous est donc de signaler notre présence aux « citadins » de la rive droite, afin qu'on vienne nous quérir.

Selon l'usage en pareil cas, deux coups de fusil sont tirés en l'air. Nous attendons quelques minutes ; mais rien ne bouge à Pedro Affonso. Nous renouvelons notre appel sans obtenir de meilleur résultat... C'est inexplicable. Généralement les habitants du *sertão* sont plus empressés à rendre service aux voyageurs.

Nous voyons enfin un homme descendre la berge du Tocantins ; il amène deux mulets qui s'abreuvent longuement dans le courant fluvial. Mais le *quidam* ne nous regarde même pas. Deux nouvelles cartouches font explosion. Encore de la poudre brûlée en pure perte ! Le muletier s'en va comme il était venu sans nous faire aucun signe... Que se passe-t-il donc ? D'une rive à l'autre, la voix ne porte pas ; mais une décharge de fusil s'entend très bien. Avons-nous eu affaire à un sourd ? C'est possible ; mais il n'était pas aveugle, il nous a aperçus. D'où vient donc cette indifférence ? Mystère !

Enfin voici un groupe de femmes. C'est le salut ! pensons-nous, car, à défaut d'un sentiment plus charitable et plus noble, la curiosité portera à nous regarder. Elles verront bien que nous sommes non des ennemis, mais de placides voyageurs qui ne demandent qu'une barque pour traverser le fleuve.

Hélas ! notre illusion est vite dissipée. Après avoir rempli leurs cruches, les ménagères s'en retournent et nos appels désespérés restent sans réponse.

— Ah ! j'y suis ! s'écrie tout à coup Rosen en se frappant le front ; j'aurais dû y penser... C'est aujourd'hui un *jour saint*... où le travail est défendu. C'est pour cela qu'on ne nous regarde même pas. Personne, même à prix d'or, ne voudrait se hasarder à passer le Tocantins car dans le *sertão* on respecte scrupuleusement la loi du repos dominical. Oh ! si l'on savait que le voyageur est un *Padre*, on se disputerait l'honneur de venir le chercher. Mais impossible de le faire savoir... Pourtant... si... il y a un moyen... Traverser à la nage le Tocantins n'est pas pour me faire peur.

— Mais, objectai-je, ses eaux sont hantées par des crocodiles. Non, ne faites pas cela. Vous avez femme et enfants. Vous ne pouvez vous exposer ainsi ; je vous le défends !

— Vous réciterez le saint rosaire pour qu'il ne m'arrive aucun mal. Marie, plus puissante que tous les crocodiles, saura bien les éloigner ou les museler.

Ce disant, il s'est prestement débarrassé de ses vêtements sommaires. Il se jette dans les flots et nage vigoureusement.

A genoux sur la plage, j'invoque la sainte Vierge avec toute la ferveur dont je suis capable. Bientôt,

Rosen, caché par le remous des eaux, disparaît.

Les yeux levés vers le ciel, j'égrène la pieuse litanie des *Ave* avec une indicible confiance... Au moment où commence le quinzième et dernier mystère, je vois l'intrépide nageur se dresser sur la rive opposée.

Une heure après, il était de retour avec deux habiles nautoniers, qui montaient non une barque, mais un petit bac, car il fallait transporter les deux mulets.

Estrella et *Gavião* prirent place sans difficulté; Rosen s'installa à côté, en les tenant par la bride. Il fallait les empêcher de bouger, car le plus *léger déplacement* aurait rompu l'équilibre et tout précipité dans le fleuve.

Arrivé au tiers de la traversée, l'un des rameurs me dit :

— Ici même, il n'y a pas huit jours, j'ai chaviré avec ce bac où nous sommes. Deux mulets s'y trouvaient avec leur maître. L'un d'eux ayant aperçu je ne sais quoi, peut-être un crocodile, peut-être rien du tout, fit un mouvement de côté. Il s'ensuivit une culbute générale dans le fleuve. Je pus heureusement remonter à bord ; mais des deux mulets et du passager, je n'ai plus eu de nouvelles.

Le brave homme ne se doute pas que son histoire me donne la chair de poule. Je ne dis rien ; je me contente de serrer un peu plus fortement le rosaire sur mon cœur.

Rosen, qui s'aperçoit de mon émotion, sourit discrètement :

— Allons, soyez bien sages, dit-il en caressant *Gavião* et *Estrella* ; ne bougez pas !

Enfin nous abordons.

Sur la plage de Pedro Affonso, les notables m'attendent pendant que les cloches sonnent à toute volée.

A dix heures, la petite église est comble. Pas un habitant n'est resté chez lui.

La cérémonie religieuse terminée, on me conduit chez le premier citoyen de Pedro Affonso, le *colonel* José Antonio.

Le *colonel* José Antonio n'a jamais touché un sabre de sa vie. Ici on donne le titre honorifique de *capitaine* et de *colonel* même aux civils. Il suffit d'y mettre le prix et la nomination arrive de la capitale, sur beau parchemin avec les sceaux et les cachets qui consacrent son authenticité de façon indiscutable.

Dans le jardin du colonel, la table est déjà dressée à l'ombre des grands palmiers. Conformément aux traditions en usage dans les familles catholiques du *sertão*, la place d'honneur m'est réservée. Le Père est ici non seulement chez lui, mais il est le maître. Nulle part nous n'avons vu le prêtre aimé et respecté comme au Brésil.

Le repas, improvisé cependant, puisqu'on ne s'attendait pas à mon arrivée, est plantureux : beaux poissons, volailles exquises, gibier, fruits de toutes sortes. Rien n'y manque, pas même une vieille bouteille de vin de Porto dont je regrette bien que le cher Père Dominique ne puisse savourer la succulence ; mais très délicatement, sa part et celle d'Eloy sont les premières servies et mises de côté. Quant aux victuailles, il y en aurait pour tout un régiment, il y en aura toujours assez.

A trois heures de l'après-midi, arrive mon cher et vénéré confrère. Il se trouve ici chez lui, où tout le monde le connaît et l'aime, car, pendant son séjour au couvent de Porto Nacional, il est venu maintes fois, évangéliser les paroissiens de Pedro Affonso.

A cinq heures, lorsque le soleil commence à baisser à l'horizon, a lieu la solennelle procession du Saint-Sacrement.

Après le repas du soir, servi dans le jardin, arrivent les amis du brave colonel et nous prenons le café sur la petite place qui domine le cours du Tocantins.

Alors commence une de ces causeries nocturnes si agréables en temps ordinaire, mais qui le sont moins quand on doit se lever avant le jour.

Mais le colonel est si heureux de nous posséder que nous consentons à prolonger la veillée. José Antonio qui devient éloquent lorsqu'il s'agit de défendre une noble cause, parle avec enthousiasme de l'avenir de sa petite ville. La prospérité toujours croissante de Conceição do Araguaya, le passage ininterrompu des caravanes qui s'y rendent ont déjà doublé l'importance de Pedro Affonso. Il semble qu'entre ces deux cités existe une sorte d'émulation.

— Les Pères qui ont été les auteurs principaux et même uniques de la première, ne feront-ils rien pour contribuer au développement de la seconde?

Et la voix du colonel se fait plus persuasive et plus pressante. Il nous propose de fonder une œuvre d'apostolat pour toute la région.

— Je me charge très volontiers, ajoute-t-il, de

4

tous les frais de l'entreprise. Veuf et sans enfants, je ne saurais faire un meilleur usage de ma fortune.

La proposition est bien tentante ; mais, hélas ! c'est le cas de redire l'éternelle plainte évangélique : *operarii pauci* (les ouvriers manquent).

Une autre considération qui nous fait hésiter, c'est que le pays n'est pas absolument calme, une révolution est en l'air, et la charmante cité pourrait bien, avant longtemps, être le théâtre de luttes sanglantes.

De tels événements sont souvent à redouter dans ces pays séparés du reste du monde, où chaque agglomération isolée jouit, en fait, d'une véritable autonomie et doit trouver en elle-même les moyens de faire régner la justice. Quand un grand centre ou la capitale n'est pas trop éloignée, il y a une ressource, on fait appel à la *manù militari* fédérale, et les soldats viennent rétablir l'ordre. Mais parfois la force armée arrive trop tard et ne peut que constater les faits accomplis.

Je pourrais citer le nom d'une localité, où le chef d'un parti, à la veille des élections, soudoya un certain nombre de *capangas* qui ne laissèrent accéder aux urnes que ses amis avérés et fut élu *gobernadôr*, à la presque unanimité.

L'ancien gouverneur, qui se trouvait être député fédéral à Rio de Janeiro, protesta en haut lieu et une compagnie de miliciens se mit aussitôt en route. Mais, pour parvenir à destination, elle dut traverser le *sertão* que nous avons traversé nous-mêmes et c'est seulement trois mois après qu'elle atteignit son but. Or, pendant ces trois mois, le nouveau gouverneur s'était montré bon prince, même avec ses ennemis, généreux pour tous, serviable aux petits, administrateur remarquable, et dans la ville pacifiée, tous chantaient ses louanges. Jamais les citadins n'avaient été aussi unis et la cité aussi prospère.

Le capitaine de la troupe, qui venait chasser ce gouverneur « pour rétablir l'ordre », devait donc commencer par troubler profondément une harmonie parfaite. Il lui fallait livrer bataille et étant donné l'état des choses, il avait toutes les chances de la perdre. Il comprit que mieux valait fraterniser avec « l'intrus ». Après avoir reçu tous les honneurs dûs à son grade et après avoir bien ravitaillé sa troupe, il reprit le chemin de la capitale.

Ce capitaine fit en petit, ce que d'autres font en grand, car, comme le dit Balmès : « Les diplomates n'ont jamais fait qu'une chose, employer de grandes formules et de belles phrases pour accepter les faits accomplis. »

Sachant donc ce qui peut demain arriver ici, je ne me presse point d'accepter l'offre du brave colonel, et afin d'éviter que la conversation ne prenne une tournure politique, toujours dangereuse, je change de sujet et je demande pourquoi le peuple appelle toujours cette charmante petite ville *Rio do Somno* (rivière du sommeil) et non pas *Pedro Affonso* qui est son nom officiel.

— Oh ! Padre, c'est bien simple, répond aussitôt le plus ancien du groupe, qui se trouve en même temps être un sage et un beau parleur. Écoutez-moi bien, et quand vous m'aurez entendu, vous direz que c'est le peuple qui a raison, et que sa voix est bien la voix de Dieu.

Le nom de *Rio do Somno* vient à notre cité de la belle rivière qui baigne le bas de la ville et mêle ses eaux à celles du Tocantins.

Une légende s'y rattache, une légende que je trouve singulièrement touchante et gracieuse... Jugez-en par vous-même.

Il y a bien des années, sur l'emplacement où *Rio do Somno* aligne aujourd'hui ses maisons, c'était la solitude. En fait de population, trois ou quatre familles apparentées entre elles vivaient là tranquilles et heureuses, sous le sage gouvernement d'un aïeul aimé, respecté, obéi, comme les patriarches de l'Ancien Testament. Rien ne leur manquait. Une *roça* leur donnait presque sans travail le riz, le maïs, le manioc. Les bananes, les mamoës, les oranges, les ananas, venaient sans culture et en toute saison. La rivière fournissait le poisson en abondance. C'était un paradis terrestre.

La perle, le plus pur joyau, la joie et l'orgueil de cet Éden en miniature était une jeune fille de seize ans. *Flor do Paraiso* — c'était son nom — était belle comme les anges du ciel, et plus vertueuse encore que belle. Chaque matin, au lever du soleil, elle descendait à la rivière et en rapportait l'eau nécessaire au ménage. Elle cueillait en même temps des orchidées pour orner le petit autel de Marie Immaculée, devant laquelle toute la famille se réunissait pour la prière.

Or, un matin de mai, Fleur du Paradis ne revint pas à l'heure accoutumée. Ses petits frères désolés la demandent à tous les échos du fleuve et de la forêt.

Les hommes fouillent en tous sens les alentours. Vains appels, inutiles recherches.

On se perd en conjectures.

En se penchant pour cueillir une fleur ou remplir sa cruche est-elle tombée dans l'eau?... Mais elle nage comme un poisson ; elle n'a donc pu se noyer.

Aurait-elle été enlevée par les Peaux-Rouges? Mais sur le sable de la plage, il n'y a aucune trace de leur passage.

On en arrive à conclure qu'elle a été happée par quelque crocodile ou enlevée par un jaguar, et le noir chagrin remplit de larmes et de sanglots la maisonnée, jusque-là si heureuse.

Mais, ô bonheur ! le lendemain soir, au moment où le soleil allait disparaître à l'horizon, une *ubâ* apparut, descendant le cours du *Rio do Somno*, et dans cette *ubâ* on reconnut avec une joie indicible, Fleur de Paradis.

Dès qu'elle eut accosté, on s'empressa autour d'elle, on la pressa de questions et voici ce qu'elle raconta :

« Hier matin, selon mon habitude, j'allais à la rivière, pour puiser de l'eau et cueillir des fleurs, lorsque, tout à coup, du milieu des hautes herbes bordant le sentier, bondit sur moi un Peau-Rouge. Avant d'avoir pu pousser un cri, j'étais bâillonnée et emportée à travers bois, jusqu'à un endroit de la rive où, cachés dans les roseaux, attendaient trois autres Peaux-Rouges, dans une légère *ubâ* toute prête à partir.

« Après m'avoir lié soigneusement les pieds et les mains, sans violence cependant, on m'attacha à l'avant de la légère embarcation qui démarra aussitôt et, sous l'impulsion des pagaies, remonta rapidement le courant. Mes ravisseurs ramèrent tout le jour et toute la nuit. Ils ne s'arrêtèrent que lorsqu'ils eurent la certitude d'être à l'abri des poursuites.

« On me débarqua alors et je fus déposée sur un lit de feuillage. Puis les Peaux-Rouges ayant *fléché* un gros poisson, allumèrent du feu pour le faire cuire à l'indienne.

« Pendant ces préparatifs, l'un d'eux s'approcha de moi et, à ce que j'ai pu comprendre, m'assura qu'on ne me ferait pas de mal et que j'étais destinée à devenir l'épouse de leur chef. Mes larmes furent ma seule réponse. Du fond du cœur je suppliai la sainte Vierge de ne point m'abandonner.

« Quand le poisson fut rôti à point, on m'offrit le plus beau morceau sur une large feuille de bananier, et on me délia les mains pour me permettre de manger. Hélas ! je pensais à toute autre chose ; je ne pouvais que pleurer et prier. Les Peaux-Rouges, eux, dévoraient à belles dents leur part de festin.

« Tout à coup, des myriades de mouches comme je n'en avais jamais vu, s'abattent sur les Indiens, qui, n'ayant aucun vêtement ne peuvent se préserver de leurs piqûres. Puis l'essaim disparaît comme il était venu.

Quelques instants après, les quatre Peaux-Rouges ne mangeaient plus ; ils étaient plongés dans la torpeur d'un sommeil extraordinaire.

« Sans perdre une minute, je brisai les liens qui enchaînaient mes pieds et, sautant dans l'*ubâ*, en quelques coups de pagaie, je fus au milieu du courant. L'embarcation file plus rapide que la flèche des Indiens. On la dirait poussée par une force invisible. J'étais sauvée ! »

Voilà le récit de Fleur de Paradis, tel que me l'a rapporté Doroteo, un des invités du colonel, bon vieillard, brave chrétien, beau parleur.

« Depuis ce jour, ajoute-t-il, la rivière est appelée *Rio do Somno* (rivière du sommeil) et la ville qui a pris naissance à son confluent a reçu la même dénomination.

« Il y a quelques années, pour honorer un grand homme que nous n'avons jamais connu, les députés de la capitale ont décidé d'appeler notre ville non plus *Rio do Somno*, mais *Pedro Affonso*. On pourra bien nous obliger à écrire Pedro Affonso dans les actes officiels ; mais nous continuerons toujours à l'appeler *Rio do Somno* en l'honneur et en souvenir du miracle accompli par Marie Immaculée.

« Figurez-vous, Père, qu'à mon dernier voyage à Belem do Para, un savant a voulu me prouver que le sommeil des quatre Peaux-Rouges endormis à la suite des piqûres des mouches s'explique très naturellement ; il m'a dit qu'en Afrique se trouvent des mouches dont la piqûre procure le sommeil. Moi, qui ne suis qu'un ignorant, je lui ai alors demandé : « Ces « mouches, qui les a faites ? Et ces mouches qu'on « n'avait jamais vues auparavant et qu'on n'a plus « jamais revues dans nos parages. qui donc les avait « envoyées ? » Et, comme il ne pouvait répondre, j'ai conclu : « Vous ne le savez pas ; eh bien ! moi, je le « sais, c'est Marie Immaculée invoquée par *Fleur de* « *Paradis*. Et voilà en quoi consiste le « miracle ! »

— Brave Doroteo, lui dis-je, vous êtes un vrai savant, car vous êtes un croyant. Je vous écouterais encore bien volontiers ; mais il va être minuit, et je dois, avant quatre heures, me trouver à l'église. Allons, récitons tous le *Salve Regina* et prenons ensuite un peu de repos.

CHAPITRE V

DÉPART DE « RIO DO SOMNO ». — PASSAGE MOUVE-
MENTÉ D'UNE RIVIÈRE. — A PIABANHA. — UN
EXCELLENT MÉNAGE HÉTÉROGÈNE, JOAQUIM ET
MARIETTA. — UN MISSIONNAIRE MARTYR DU DEVOIR.
— CHASSE AUX ÉCHASSIERS. — VICTIMES DES CARA-
PATES. — RENCONTRE D'UN TAMANDUA. — RAVAGE
DES FOURMIS. — ARRIVÉE A PORTO NACIONAL.

Le vendredi matin, dès trois heures et demie, les
cloches sonnent à toute volée pour réveiller les dormeurs. Bientôt le lieu saint se remplit de fidèles. Tout
s'accomplit selon les prévisions et dispositions arrêtées
la veille.

A sept heures, notre petite caravane s'ébranle,
accompagnée de jeunes gens qui tiennent à nous faire
escorte jusqu'à la première halte. Ils ont pour monture de jolis poneys aux jarrets d'acier et à la longue
crinière flottante, qui ne demandent qu'à galoper.
Pour nous donner, sans doute, une haute idée de
leur savoir-faire, ils les font se dresser, bondir, cara-
coler comme des chevaux de cirque. Nos bêtes, à
nous, sont bien incapables d'en faire autant. Nous
ne les changerions pas cependant contre ces superbes
coursiers, car, nous en avons fait l'expérience, rien
ne vaut, pour les longues courses à travers le désert

et la forêt, nos mulets zébrés, qui couvrent 60 à 70 kilomètres par jour et se contentent, pour nourriture, de l'herbe qu'ils paissent la nuit. A pareil régime, les meilleurs chevaux ne tiendraient pas longtemps.

A dix heures, nous faisons une petite halte. Rosen prépare pour tous une bonne tasse de café et on se sépare. Notre fringante escorte reprend au galop le chemin de *Rio de Somno*, pendant que nous filons en avant au pas accéléré.

Le samedi 17, nous célébrons nos messes et nous nous mettons en route en pleine nuit, car Rosen voudrait arriver bien avant la fin du jour à un passage dangereux.

Mais un *atoleiro* infranchissable nous obligea à un grand détour et nous eûmes beau faire diligence, le soleil était déjà bas sur l'horizon lorsque nous arrivâmes sur les bords de la Piabanha.

Cette rivière n'est ni très large, ni très profonde ; mais le courant est rapide et, quelques mètres en aval, il y a une cataracte. L'eau se précipite et tombe sur des rochers avec un fracas peu rassurant.

— Suivez-moi ! dit Rosen, qui, monté sur *Gavião*, entre résolument dans le courant.

J'obéis ; *Estrella* a bientôt de l'eau jusqu'au poitrail. J'ai traversé bien des rivières beaucoup plus larges, mais jamais le courant n'a été aussi fort. Or, quand le courant est rapide, il se produit une illusion d'optique qui donne le *vertige au cavalier peu expérimenté*.

Arrivé à mi-chemin, il me sembla qu'*Estrella*, malgré son énergie, était emportée par le courant et *déviait vers l'abîme*.

— Rosen, Rosen, criai-je éperdu, *Estrella* perd pied ; vite au secours !

— Non, *Padre*, répond-il sans s'arrêter, c'est une erreur. Ne regardez pas l'eau ; regardez le ciel et avancez toujours ! *Il n'y a pas de temps à perdre.*

Mais une force irrésistible m'oblige à regarder l'eau, et plus je la regarde, plus j'ai la conviction que je suis emporté vers le précipice.

Je réitère mon appel. Alors, Rosen vient se placer à côté de moi, de telle sorte que sa monture reçoit le premier choc du courant. Prenant la bride d'*Estrella*, il ajoute :

— N'ayez pas peur ! Avançons vite pendant qu'il fait jour encore, car, à terre, nous avons à franchir un passage bien plus difficile.

Arrivé sur la rive, je me rends compte qu'*Estrella* a traversé le courant en droite ligne et n'a pas dévié d'un pouce.

Mais le soleil va bientôt disparaître ; dans un quart d'heure il fera nuit noire.

Or, il y a là devant nous, surplombant le cours rapide de la rivière, un défilé terrible, l'unique voie à suivre. Entre la falaise taillée à pic et la Piabanha aux flots tumultueux, a été ménagé un sentier tout juste assez large pour qu'un quadrupède y puisse placer ses pieds. Pour ajouter à la difficulté et au danger, il est rocailleux et si abrupt que le cavalier devra s'accrocher à la crinière du mulet pour ne point glisser le long de l'échine et rouler dans le gouffre. A cette vue, je frissonne ; je veux descendre de selle et me traîner sur les genoux pour franchir avec moins de risque, ce me semble, le dangereux passage.

Mais Rosen s'en aperçoit.

— Non ! non ! me crie-t-il avec autorité, et sur un ton qui n'admet pas de réplique, ne descendez pas. Vous ne seriez pas arrivé à mi-côte que vous seriez pris de vertige et vous tomberiez dans l'abîme. Suivez simplement mes instructions et je réponds de vous : serrez les jambes, lâchez les rênes, tenez fortement la crinière d'*Estrella* et surtout fermez les yeux ! Oui, fermez les yeux !

Et, d'un vigoureux coup de cravache, il pousse *Estrella* à l'assaut. Il ne me reste plus qu'à exécuter aveuglément (c'est bien le mot), ce que Rosen ordonne.

Estrella, au pied agile et sûr, grimpe sans broncher, frappant le sol de la pointe du sabot comme pour y faire une entaille qui l'empêche de glisser. Cinq minutes s'écoulent ainsi, qui me paraissent bien longues.

Enfin Rosen crie triomphalement :

— Père, vous pouvez ouvrir les yeux !

Longtemps je me souviendrai du défilé de la Piabanha.

Nous faisons halte à quelque distance du dangereux défilé de la Piabanha.

La nuit est venue. C'est à tâtons que nous sommes obligés de desseller les mulets et d'enlever les charges.

Impossible de suspendre les hamacs ; nous nous étendons par terre. Quand on a chevauché toute une journée par un soleil ardent, on s'endort vite, couché n'importe sur quoi, et n'importe où.

La période de repos sera, du reste, bien courte, car, dès que la lune sera levée, je dois partir avec Rosen. La petite ville de Piabanha n'est qu'à qua-

rante kilomètres et je voudrais y arriver à temps
pour célébrer la Sainte Messe. Dans tout le *sertâo*, que
les missionnaires ne traversent que bien rarement,
la visite du prêtre est une fête pour tous.

Tout arrive au gré de mes désirs. Après une chevauchée des plus agréables, *per amica silentia lunæ*,
nous arrivons à destination le dimanche matin, un
peu avant six heures.

L'église de Piabanha se trouve au milieu d'une
grande et belle place carrée, encadrée de jolies maisons alignées au cordeau. Rosen marche tout droit
vers le saint lieu et se suspendant à la corde de la
cloche, sonne à toute volée.

A ce carillon inattendu, les paisibles habitants se
réveillent et des têtes apparaissent à toutes les fe-
nêtres, les portes s'ouvrent et, à la vue de ma robe
blanche, chacun s'écrie joyeusement : « Un *Padre!*
aujourd'hui dimanche, nous aurons la messe; Dieu
soit béni ! »

On accourt à l'église.

Après la messe et en attendant l'arrivée du Père
Dominique et d'Eloy, Rosen et moi, nous allons chez
Joaquim, qui est depuis longtemps l'ami des Pères
de Porto et pour rien au monde ne cèderait à un
autre le bonheur de les recevoir dans sa maison.

Veuf depuis deux ans, il a épousé en secondes
noces, une élève des Dominicaines de Porto Naçional.
Marietta parle couramment le français, nous sert à
la française et s'acquitte fort bien de son rôle de maîtresse de logis. Une jeune fille de bonne famille
formée dans les grands pensionnats de France ne
ferait pas mieux.

Si j'insiste sur ce point, c'est intentionnellement, car l'histoire de Marietta n'est pas banale. A la voir faire les honneurs de la maison, avec une simplicité et une grâce parfaites et nous présenter, pour le bénir, un bel enfant qui sait déjà faire le signe de la croix et dire en français *Je vous salue, Marie*, nul ne se douterait de son origine.

Marietta est une *Peau-Rouge pur sang*. Apportée providentiellement au couvent de Porto Naçional, à peine âgée de quelques mois, elle doit tout aux religieuses, même le parfait honnête homme, le fervent chrétien qui est devenu son mari par leur maternelle entremise.

Les Peaux-Rouges du Goyaz, du Para et du Maranhao sont fort intelligents. Le jour où ils seront chrétiens, l'Église n'aura pas d'enfants plus généreux, le Brésil de sujets plus fidèles, *la France* d'amis plus sincères. Nos Pères, en effet, dans leur évangélisation ne séparent jamais ces grandes et belles causes qui vont si bien ensemble.

A midi, nous voyons arriver le Père Dominique. La joie de Marietta est à son comble, car, tout enfant, elle l'a beaucoup connu à Porto Naçional ; c'est même lui qui l'a préparée à sa première communion.

Dans la soirée, nous allons tous ensemble prier sur la tombe d'un de nos confrères décédé accidentellement il y a quelques années, le Père Ange Dargânaratz. Il est enseveli dans le sanctuaire, à côté du Père Antonio, Capucin, le fondateur de Piabanha. L'un et l'autre sont vénérés comme deux saints et deux protecteurs du pays.

Agenouillés sur la tombe du Père Ange, nous l'invoquons plutôt que nous ne prions pour lui, car il peut être considéré comme *le martyr du devoir*. Il venait de prêcher une mission à Piabanha, et rentrait au couvent de Porto Naçional, où l'attendait un autre ministère apostolique. La petite barque sur laquelle il remontait le Tocantins ayant coulé à pic dans une *cachoeira*, le pilote et les rameurs gagnèrent la rive à la nage. On s'aperçut alors que le Père manquait.

Hélas ! on eut beau plonger et fouiller le fleuve jusqu'au soir, toutes les recherches furent vaines. Excellent nageur, le Père avait dû être projeté contre le rocher, étourdi par le choc et emporté par le courant. On ne trouva que le lendemain son cadavre déposé par les flots du Tocantins, bien plus loin sur la plage.

Rien de particulier ne signala l'étape du lendemain. Le soir, nous fîmes halte en rase campagne et, dès la pointe du jour suivant, nous nous remettions en route.

Vers onze heures, nous arrivons en vue d'une immense nappe d'eau, bordée par des marécages où nous apercevons toute une armée de grands échassiers aux couleurs aussi brillantes que variées. Les jabirus et les flamants aux grandes ailes roses ou feu attirent particulièrement mon attention. Ils ne paraissent pas trop méfiants, et il me semble qu'il sera facile, en avançant avec précaution, d'en abattre un ou deux.

L'idée me vient tout à coup qu'il serait bien glorieux pour moi d'en offrir les grandes plumes au Musée du *Collegio Angelico*, à Rome... Elles figureraient dans une vitrine avec le nom du donateur en grandes et belles lettres d'or !

Pendant que le riz et la *carne secca* achèvent de cuire, je prends le fusil et je me dirige vers l'étang.

— Père, me dit Rosen, n'essayez pas, c'est inutile, votre arme ne porte pas assez loin et avant que vous soyez à distance convenable, ces beaux oiseaux s'envoleront. Tout à l'heure, après le repas, j'en abattrai d'ici même quelques-uns avec mon Winchester, dont les balles portent à deux mille mètres.

Cela ne fait point l'affaire de ma petite vanité, car je voudrais avoir semblable prouesse à mon actif.

Aussi, sans tenir compte de la charitable observation de Rosen, l'arme au bras, je m'avance à travers les hautes herbes où il est facile de se cacher.

— Pas par là ! me crie-t-on, vous risquez de trouver des serpents à sonnette contre lesquels votre fusil ne saurait vous servir.

J'oblique à gauche et passe dans un petit taillis d'arbres rabougris ressemblant à des chênes liège. Les branches à moitié pourries ou tout à fait mortes sont très basses et je les écarte avec précaution pour avancer sans bruit.

Enfin, je suis à bonne portée, sans avoir donné l'éveil. Pour mieux assurer mon coup, je mets un genou en terre et je tire... La détonation est répétée par tous les échos de la forêt voisine ; mais pas un oiseau n'est resté sur la rive. Tous se sont envolés en jetant des cris perçants qui semblent me narguer.

Un peu penaud, je reviens au campement par le même taillis aux arbres rabougris et desséchés. Moins préoccupé de la chasse je remarque alors que ma robe blanche est toute mouchetée de petits points gris cendré qui forment tache d'huile et vont s'agrandissant. Je regarde de plus près... Hélas ! je constate avec douleur que ce sont des myriades de petites *carapatos* qui, des branches traîtresses, sont tombés sur moi. Bientôt je sens leurs terribles piqûres.

Le caparato ordinaire est gros comme une petite punaise, mais très résistant et les doigts les plus vigoureux ont de la peine à l'écraser. Il enfonce vite sous la peau sa minuscule tête munie de crocs qui jamais ne lâchent prise. Tout effort pour les arracher resserre l'étreinte ; le carapato continue à sucer sa victime et à gonfler, sans rien lâcher. On peut l'écraser le couper avec des ciseaux ; ses crocs restent enfoncés dans les chairs, exaspérant le patient par des démangeaisons que rien ne parvient à calmer. Qu'on juge de l'effet produit, non plus par un, par deux, mais par des centaines de carapatos.

Pour se débarrasser de cette vermine, il n'y a qu'un remède, mais aussi pénible et ennuyeux que le traitement de la gale : se mettre en costume de Peau-Rouge et se faire frictionner toutes les régions de l'épiderme envahi, avec une lotion de tabac macéré dans de l'eau-de-vie de canne à sucre. Le *Padre* Dominique voulut bien me rendre ce bon office ; après quoi, honteux et confus, je jurai bien de ne plus m'exposer à semblable mésaventure.

Dans la journée du mardi 20 juin, rien d'important à signaler, si ce n'est la rencontre d'un *tamandua*, à qui nous laissâmes la vie en considération des services qu'il rend dans le *sertão*.

Le *tamandua* ou grand fourmilier, inoffensif pour

le voyageur, est le plus terrible ennemi, le plus grand destructeur, l'exterminateur par excellence des fourmis. Or, les fourmis sont un des grands fléaux du *sertão*. Elles élèvent des buttes mesurant trois et quatre mètres de diamètre à leur base et de loin ressemblent à des meules de foin. Ce sont de vraies maisons où les diligents insectes entassent le fruit de leur travail et aussi de leurs rapines.

Rien ne résiste à leurs terribles mandibules et, comme elles sont légion, elles ont tôt fait de dévaliser un jardin ou un verger. En quelques heures, les géants de la forêt eux-mêmes sont dépouillés de toutes leurs feuilles, comme nous avons pu le constater de nos propres yeux.

Voici comment elles procèdent : Une équipe grimpe sur l'arbre, tranche le pédoncule comme avec des ciseaux et les feuilles tombent à terre où une deuxième équipe les partage de façon à ce que la troisième équipe les emporte rapidement à la fourmilière. Quand ces ravageuses ont jeté leur dévolu sur un verger, on doit renoncer à le préserver ; il ne reste au propriétaire qu'à capituler, à fuir, à aller s'établir ailleurs. Quand on veut préserver un arbre spécial, auquel on tient particulièrement, on l'entoure d'un fossé rempli d'eau. Les fourmis ne se hasardent pas à le traverser. Encore ce moyen n'est-il pas toujours efficace.

Dans un de nos couvents, les Pères avaient réussi à faire venir de France et à acclimater deux ruches d'abeilles qu'ils espéraient voir se multiplier bientôt. On les avait entourées d'un fossé, profond de 80 centimètres et large de 50, rempli d'eau soigneusement maintenue à hauteur convenable afin de préserver, de toute fâcheuse atteinte, miel et abeilles. Tout alla bien pendant quelque temps. Mais, un beau matin, on eut le chagrin de constater que les deux ruches avaient été nuitamment attaquées. Pas une abeille ne restait dans ces ruches.

Voici ce qui était arrivé.

Le vent, sans doute, avait jeté quelques grandes feuilles dans le fossé, et aussitôt les industrieux animalcules en avaient profité pour passer d'une rive à l'autre, en bataillons serrés et sans cesse renouvelés. Les pauvres abeilles, surprises, avaient toutes, et de la même façon, été coupées en deux. D'un coup de mandicule, les assaillants avaient tranché le lien qui relie le corselet à l'abdomen, puis avaient emporté les débris à leur repaire. Le soleil, en se levant radieux, n'éclairait plus qu'un champ de carnage, où des milliers de fourmis gisaient inanimées, percées par le dard des abeilles qui s'étaient vaillamment défendues, mais qui avaient fini par succomber sous le nombre.

On voit de quels méfaits sont capables les fourmis et combien il importe de respecter les animaux qui leur font la chasse. Or, je l'ai dit, leur pire ennemi dans le *sartão*, c'est le *tamandua*.

Celui que nous rencontrons a les dimensions d'un épagneul de taille moyenne, il appartient à l'espèce dénommée *bandeira* (drapeau) parce que sa queue est en forme de panache. Nous le trouvons occupé à accomplir sa tâche favorite. Il enfonce sa langue gluante et démesurément longue dans une fourmilière, et quand elle est bien couverte d'insectes il la retire et avale prestement la cargaison. Puis il recommence jusqu'à ce qu'il soit bien repu.

Le *tamandua* de grande taille n'est dangereux pour le voyageur que lorsqu'il est attaqué. Alors il s'adosse à un arbre et se dresse terrible. Malheur à son adversaire, homme ou animal, qui ne se tient pas hors de portée de son atteinte ! Ses membres antérieurs ressemblent, en effet, plutôt à des bras qu'à des jambes et se terminent par deux ongles mesurant de douze à quinze centimètres de long sur huit à dix de diamètre à leur base et ressemblant aux cornes d'un jeune taureau. Quand il arrive à saisir son ennemi, le *tamandua* l'embrasse férocement et, le serrant contre sa poitrine, lui enfonce ses deux ongles ou cornes dans les chairs, le traversant ainsi de part en part. Tous deux sont alors destinés à la mort, l'un parce qu'il a été broyé et transpercé ; l'autre, parce que, ne pouvant desserrer son étreinte et retirer ses bras, reste attaché à sa victime et périt avec elle.

Nous avons donc raison de nous tenir à distance respectueuse de ce *tamandua*. Après avoir congrûment admiré son travail, nous le laissons poursuivre son œuvre d'utilité publique et continuons notre marche en avant.

Le mercredi 21, à midi et demi, nous arrivons à Porto Naçional ; nos confrères nous reçoivent à bras ouverts, et la population, très sympathique, nous fait fête.

Notre dessein est de rester à Porto Naçional trois semaines, afin de jouir un peu de la vie calme et régulière du couvent. Nous pourrons ainsi mieux voir et apprécier les merveilles d'apostolat accomplies par nos Pères et les Sœurs Dominicaines dans ce Nord du Brésil, encore si déshérité, mais appelé certainement au plus brillant avenir.

Durant cette longue halte, Rosen va bien soigner les mulets afin qu'ils prennent des forces pour de nouvelles chevauchées qui seront les plus longues et les plus mouvementées de tous nos voyages au Nouveau-Monde.

DEUXIÈME PARTIE

DE PORTO-NACIONAL A FORMOSA

CHAPITRE VI

A PORTO NAÇIONAL. — L'ÉGLISE DE L'IMMACULÉE. — LES FEUX DE JOIE DE LA SAINT-PIERRE. — DÉPART DE PORTO NAÇIONAL. — JOYEUX ACCIDENT DE NUIT. — UN CAPRICE DE ROSHINA. — LE RIO KRICHAS. — BAPTÊME DU 14 JUILLET. — PETITE FLEUR DE FRANCE. — LES SINGES DE LA FORÊT.

La petite ville de Porto Naçional est assise sur la rive droite du Tocantins. Ses blanches maisons s'étalent coquettement aux rayons brûlants du soleil, sur une haute falaise qui les met à l'abri des terribles inondations du fleuve. Chaque année, en effet, au moment des crues, les flots du Tocantins envahissent les plaines sur une largeur de plusieurs kilomètres.

Sur la grande place, les Dominicains ont bâti une belle église à trois nefs, qui est bien la leur, car ils en furent non pas seulement les architectes et les entrepreneurs, mais les ouvriers.

Le seul reproche qu'on pourrait adresser aux constructeurs de cette église, c'est de l'avoir faite trop grande pour la population de Porto Naçional. Mais qui sait ce que sera demain cette jeune cité? Ses habitants sont actifs et intelligents, et les entreprises les plus difficiles ne sont pas pour les effrayer. *Fils du Fleuve*, comme ils aiment à s'appeler, armateurs et bateliers sans rivaux, ils vont de Porto Naçional à Belem de Para, affrontant, sur de mauvaises barques, les rapides, les *cachoeïras* et les écueils les plus redoutables. Le jour où, selon le projet de la Fédération, une ligne de chemin de fer reliera Formosa à Porto Naçional, et Conceição à la capitale, ce jour-là, Porto Naçional acquerra une importance considérable et son église ne sera plus trop grande.

Les Sœurs Dominicaines de Porto Naçional espèrent aussi un brillant avenir pour leur chère cité. Perdues dans l'immensité du *sertão*, elles savent faire fleurir leur solitude, et leur intelligent et inlassable dévouement opère des merveilles. Elles élèvent la jeunesse de Porto Naçional, la préparant même aux grades académiques, tout en catéchisant *les jeunes Peaux-Rouges* que les Pères leur confient. Par ce que nous avons vu à Piabanha et déjà raconté, nous avons pu conclure que Dieu bénit leur dévouement et récompense leur zèle. Nous souhaitons simplement que la France puisse envoyer bientôt aux Pères et aux Sœurs de nombreux apôtres pour continuer et développer leurs œuvres. La gloire de Dieu et aussi celle de notre *chère Patrie* y sont intéressées.

Nous restons à Porto Naçional environ trois semaines, qui nous paraissent bien courtes. Nous voudrions y faire un séjour plus long, mais il nous reste encore bien des déserts et des forêts à traverser, et nous ne pouvons nous attarder.

Les aventures ne manqueront point, car c'est l'étape la plus longue que j'aie parcourue à dos de mulet. Le voyage demande plus d'un mois quand tout marche à souhait. Quelquefois on est arrêté net par un grand fleuve débordé ; il faut nécessairement camper sur la rive et attendre patiemment que les eaux aient baissé ; souvent pris par la fièvre on est obligé de camper dans le désert.

J'avais cependant formé le projet de couvrir cette distance de Porto Naçional à Formosa en moins d'un mois. Partant le 11 juillet, je caressais la pensée d'arriver le 3 août, veille de la fête de notre bienheureux Père saint Dominique.

Mais pour parcourir, à travers désert, montagnes et forêts, deux mille kilomètres en si peu de temps, il faut en prendre les moyens.

Le premier et le plus efficace, c'est la prière, la confiance en Dieu et en Marie Immaculée : *Prosperum iter faciat nobis Deus salutarium nostrorum!* (Que Dieu nous prépare un chemin sûr et prospère!) disent les prières des itinérants. Nous y ajouterons, chaque matin, avant de mettre le pied à l'étrier, cette invocation à Marie Immaculée : *Vitam præsta puram, iter para tutum.* (Accordez-nous une vie sans tache, et préparez-nous une voie sûre.) Avec cela, on ne traverserait pas seulement les déserts et les forêts à dos de mulet ; on irait à pied jusqu'au bout du monde.

Le second moyen c'est d'avoir des mulets à toute épreuve et de n'emporter comme bagages que le strict nécessaire. Il est donc décidé que je continuerai à voyager sans tente, pour ne point perdre un temps précieux à la dresser le soir et à la replier le matin et pour réduire la charge de nos montures.

Quant aux mulets nous gardons ceux qui nous ont portés de Conceição do Araguaya à Porto Na-

çional. Ils ont fait leurs preuves et il serait difficile
d'en trouver de meilleurs.

Rosen continuera à être notre premier *camarada*,
et Eloy, qui doit retourner à Conceição, sera remplacé
par un jeune homme de vingt ans, Elisiario, qui s'est
montré déjà chasseur intrépide, marin expérimenté
et cavalier hors pair. Les prenant à part, je leur
promets une bonne gratification si nous arrivons à
Formosa pour la Saint-Dominique (4 août).

Le départ est fixé au mardi 11 juillet, à la pointe
du jour.

Les mulets passeront le Tocantins à la nage ; mais
cette opération longue et dangereuse se fera la veille
dans la matinée, afin que ces braves *burros* aient le
temps de se reposer des fatigues de la traversée, et
que rien ne vienne à la dernière heure retarder notre
départ.

Ce n'est pas une petite affaire que le passage de
dix mulets sur un fleuve comme le Tocantins. Rosen
et Elisiario, montés sur une légère *ubá*, les font traverser un à un ; pendant qu'Elisiario rame, Rosen
tient le mulet par le licou, tout prêt à lui soulever
la tête et à l'aider s'il venait à avoir une défaillance.
Il arrive parfois que, mesurant de l'œil la largeur du
fleuve, le mulet hésite à se lancer à la nage ; alors on
crie, on pousse, on cravache ferme, et la bête tombe
dans le fleuve plutôt qu'elle n'y entre. Si, dans un
plongeon, l'eau lui entre dans les oreilles, malheur à
elle ; car, au dire des experts, elle en devient tout
hébétée et perd la moitié de ses forces. Il faut alors,
au camarade chargé de lui redresser la tête, une
force et une habileté peu communes pour garder

l'équilibre sur l'*ubã* et ne point laisser la pauvre mule couler à pic.

La traversée eut ses dangers, ses péripéties, même ses plongeons ; mais, grâce à Rosen, il n'y eut point de fâcheux accident et, à deux heures du soir, toute la troupe campait sur l'autre rive.

Le mardi matin, la messe est célébrée bien avant l'aurore.

Je traverse à mon tour le Tocantins en *montaric* et je trouve les mulets harnachés, prêts à partir. Rosen sert à tous les cavaliers une tasse de café bien chaud et à six heures nous sommes en selle. Deux Pères de Porto Naçional tiennent à m'accompagner pendant cette première étape et, montés sur deux mulets zébrés, *Putiphar* et *Fanfaron*, ils chevauchent joyeusement à mes côtés.

A onze heures, nous faisons halte près d'un *brejo*, pour laisser se reposer les animaux qui ne sont pas encore entraînés aux longues courses. Les mulets sont toujours, après un long repos, très éprouvés par la première journée de marche. « Qui veut aller loin, ménage sa monture, » est un proverbe de tous les pays, et il est bon de s'y conformer, surtout quand on voyage dans une région où la vie du cavalier dépend souvent des jarrets de son coursier.

Le repas de cette première halte est tout préparé par les bonnes Sœurs de Porto Naçional, qui ont fait les choses grandement, se privant elles-mêmes pour nous gâter. Il suffit d'un petit feu pour faire chauffer le café.

Que le lecteur ne s'étonne point s'il voit le missionnaire en voyage prendre si souvent le café. Il y a pour expliquer le fait trois raisons *principales*, sans compter les secondaires.

Première raison : sous le soleil de feu des tropiques le missionnaire n'a ni pain, ni viande, ni vin, ni liqueur d'aucune sorte. Du riz cuit à l'eau, quelques bribes de *carne secca*, où grouillent parfois des légions de vers blancs, l'eau des fleuves ou des marais, voilà sa seule nourriture assurée ; une tasse de café n'est donc point de trop.

Seconde raison : les fièvres paludéennes, occasionnées par la piqûre des moustiques et autres insectes venimeux, sont très dangereuses dans ces climats ; or, le *café est un fébrifuge*.

Troisième raison : le café est la boisson nationale du Brésil, et il faut bien que les étrangers donnent l'exemple du patriotisme.

Nous pourrions ajouter une *quatrième raison*, qui ne manque pas de valeur. Devenu roi de France, Henri IV visitait un jour une petite bourgade du Béarn où, enfant, il avait pris ses ébats avec les gars du village. Voulant bien faire les choses, les notables vont le recevoir en grande pompe. Le maire, déployant une grande feuille de papier suivie de plusieurs autres, commence un long discours, soigneusement préparé par le maître d'école. La perspective d'avoir *à subir tant d'éloquence* n'avait rien de bien attrayant pour le jeune roi.

— Sire, commence l'orateur, à votre arrivée dans notre ville, nous n'avons pas tiré le canon pour trente-six raisons : la première, *c'est que nous n'avons pas de canon*.

— Je vous dispense des trente-cinq autres, interrompit le royal visiteur, je vous embrasse et tout est dit.

Eh bien ! au Brésil, le missionnaire *boit du café parce qu'il n'a pas autre chose à boire...* Qu'en pensez-vous, ami lecteur ?

Un peu avant la nuit, nous arrivons à une forêt inextricable où il serait imprudent de s'engager à cette heure. De grands arbres ont poussé comme des sentinelles avancées à quelque distance de la lisière de la forêt. Nous y suspendons nos hamacs ; nous aurons là, moins qu'en pleine forêt, à redouter les serpents et les fauves.

Un des deux Pères de Porto qui m'accompagnent s'aperçoit alors qu'il a bien emporté le hamac pour la nuit, mais qu'il a oublié les cordes traditionnelles en crin de cheval pour le suspendre. Un missionnaire de Porto Naçional n'est jamais à court d'expédients. Le Père avise aussitôt deux fortes courroies en cuir de bœuf, servant à sangler les charges. C'est son affaire. Elles sont bien plus solides que les attaches ordinaires, et souples comme un cordon de soie, car les *camaradas les ont consciencieusement graissées*, aux frais du couvent de Porto.

Le Père, qui figurerait avec honneur parmi les poids lourds, s'écrie joyeusement :

« Mon oubli est providentiel ; au moins avec ces courroies je ne risque point de tomber, comme cela m'est arrivé. »

Il attache ces courroies comme le font les missionnaires du Nord, avec un nœud marin qu'on appelle dans le désert *nodo de porco*, nous n'avons jamais su pourquoi, puis il se balance sans crainte. Les cour-

roies gémissent, mais tiennent bon ; elles soutien-
draient un bœuf !

Après le souper, nous chantons le *Salve Regina* et
nous nous endormons à la belle étoile, sous le regard
et la protection de la Reine du Ciel.

Nous étions tous plongés dans un paisible sommeil,
lorsque, vers le milieu de la nuit, nous sommes réveillés en sursaut par la chute d'un corps lourd, suivie
de cris perçants : « Au secours ! au secours !... » Aussitôt nous sommes debout, et, saisissant une arme,
nous cherchons à voir quel animal a bondi au milieu
du campement... Est-ce un jaguar ? Est-ce un autre
grand fauve ? Impossible de rien distinguer, et,
comme il arrive en pareil cas, la précipitation avec
laquelle nous frottons les allumettes fait partir le
soufre sans allumer la bougie. Rosen, calme et pratique, réussit le premier à faire jaillir le feu et notre
petit campement s'illumine.

Tout s'explique alors : le « poids lourd » de Porto
est là devant nous, la tête et les épaules touchant
la terre, les pieds en l'air embarrassés dans le hamac,
et ne réussissant pas à se relever. Rosen le dégage
et le voilà debout. Qu'est-il arrivé ? Un rongeur quelconque, rat, chauve-souris ou vampire, attiré par
l'odeur du suif, a grignoté la courroie qui a fini par
céder. Heureusement le Père n'a pas grand mal : un
coup à la tête, quelques bleus aux épaules et c'est
tout.

— C'est égal, dit-il d'un ton convaincu, pour une
fois que je me suis muni de solides courroies, je n'ai
pas de chance !

Le 12 juillet, la messe est célébrée à l'aurore, et,

BOTO (ESPÈCE DE MARSOUIN) DE L'ARAGUAYA FLÉCHÉ PAR LES KARAJAS

PONT PRIMITIF SUR L'URU

peu après, serrant contre mon cœur les Pères de Porto, nous nous séparons à regret : il fait si bon être en famille ! Mais leur ministère apostolique les rappelle au plus vite à leur couvent, et si nous voulons célébrer la fête du 4 août à Formosa, nous n'avons pas de temps à perdre.

Au départ, *Rosinha*, la grande et belle mule du Père Dominique, renouvelle ses caprices, se cabre, fait le saut de mouton, finalement se jette par terre, et reste sur le flanc, les jambes raides comme des barres d'acier. Qu'est-ce en réalité? Nous n'avons pas à en juger ; mais ce que nous constatons, c'est que le repos prolongé et une bonne nourriture l'ont rendue capricieuse ; la moindre contrariété lui donne des crises nerveuses. Les savants expliqueront le fait comme ils voudront. Dans quelques jours, *la fatigue et la sobriété* la rendront plus docile, et le cher Père Dominique, dont le bon cœur a des faiblesses très compréhensibles pour *Rosinha*, pourra de nouveau la monter sans crainte d'accident.

Vers midi, nous sommes sur les bords du Krichas et, à l'ombre de grands palmiers, nous prenons notre repas, composé des reliefs de la veille, car les bonnes Sœurs Dominicaines de Porto Naçional nous ont abondamment approvisionnés pour deux journées.

Emporter des vivres pour un temps plus long n'est pas possible sous le soleil des tropiques. Quelles que soient les précautions prises pour préserver la viande, même la plus cuite et la mieux enfarinée, dès le soir du premier jour de voyage elle se pique çà et là de taches d'un vert bleuâtre peu rassurant ; le lendemain, ces taches exhalent une odeur insupportable, et des légions de petits vers blancs d'une voracité sans égale pullulent dans le pauvre rôti qui n'est plus bon qu'à être jeté.

Le Krichas n'a en ce moment que cinquante centimètres de profondeur et son passage n'offre aucune difficulté. Mais, à l'époque des grandes crues, la traversée devient dangereuse, et le bon Père Dominique nous raconte qu'il a failli, un jour qu'il allait administrer un malade, être emporté par le courant et se noyer.

La journée du 13 se passe à chevaucher sans rien de remarquable. Nous gagnons même du temps sur les étapes prévues par Rosen et allons camper sur les bords d'un joli *brejo*, sous des palmiers géants, dont les feuilles nous garantiront de la rosée de la nuit.

Nous ne sommes pas peu surpris de trouver là toute une famille qui y a déjà établi son campement. Elle se compose des grands-parents assez avancés en âge, du père, de la mère, deux ravissants enfants de quatre et deux ans, et d'un autre petit ange qui dort entre les bras de sa mère, bercés ensemble dans le même hamac.

Ces émigrants se rendent à Conceição do Araguaya ; ils voyagent à toutes petites journées. Le plus jeune des enfants n'a pas encore deux mois, et il est convenu que nous le baptiserons le lendemain après la Sainte Messe qui sera célébrée sous le plus beau palmier du *brejo*.

Le chef de famille nous invite pour le repas du soir, et nous acceptons, car refuser serait manquer gravement aux convenances. Pendant que ses *camarades* achèvent de faire cuire le riz et le *feijão* national, nous récitons le chapelet en commun ; après le souper et le chant du *Salve Regina*, nous regagnons nos hamacs, suspendus déjà par Rosen (qui connaît les convenances), à une *distance respectable* du campement familial.

Le lendemain matin, toute la famille se confesse et communie.

Je procède ensuite au baptême de la petite fille.

Pour ces baptêmes, nous l'avons déjà expliqué, la question du *nom à donner* constitue souvent une grosse difficulté, car les parrains cherchent des noms fameux, des noms sonores, dont souvent ils ne comprennent pas la signification, sans s'inquiéter de savoir si ce sont des noms de saints, et toute discussion avec eux sur ce sujet devient vite irritante, et reste toujours sans succès. Le missionnaire n'a qu'un moyen de tourner la difficulté, c'est d'accepter de bonne grâce le nom proposé par le parrain, tout-puissant au Brésil, et d'y ajouter, au moment du baptême, le nom d'un saint. Les professeurs de morale et les théologiens, assis paisiblement dans leur cabinet de travail et faisant de la spéculation, blâmeront peut-être cette manière de faire. Le pauvre missionnaire, lui, se heurte aux difficultés pratiques ; il n'a qu'à choisir : ou ne pas baptiser l'enfant, ou bien accepter le nom imposé par la famille. Qui oserait prétendre qu'il vaut mieux ne pas baptiser l'enfant ?

Pour le cas présent, la date de ce jour faillit nous jouer un mauvais tour. *C'est le 14 juillet.* L'Église célèbre la fête de saint Bonaventure ; mais la France célèbre la prise de la Bastille, devenue la fête de la République.

Le grand-père, qui a fait plusieurs voyages à Rio-de Janeiro, a entendu *parler du 14 juillet* comme d'une grande fête française, et, s'imaginant nous honorer et nous faire plaisir, a résolu d'appeler sa petite-fille : *Quatorze de Julho.* Sans doute il nous sera loisible, comme toujours, d'y ajouter le nom du saint du jour, Bonaventure ; mais donner l'autre nom ne nous sourit guère, car nous savons que, dans la pratique, le nom du saint sera laissé de côté et que *cette charmante enfant* sera toujours appelée *Quatorze de Julho.*

Expliquer à ce vieillard nos raisons ne servirait à rien ; d'abord il ne les comprendrait pas et toute résistance de notre part lui ferait une peine inutile ; il ne céderait point.

Il faut procéder autrement.

— Bien volontiers, répondons-nous à ce digne vieillard ; votre idée de donner à votre chère petite-fille un nom rappelant la *douce et glorieuse France est parfaite.* Oui, *vive la France libératrice et apôtre des nations!* Mais une date, quelle qu'elle soit, n'exprime pas suffisamment votre noble pensée, et ne répond ni à votre désir ni à ce que mérite l'enfant. Voyez comme elle est jolie, voyez cette petite figure ronde aux couleurs blanches et roses ; ne dirait-on pas *un bouton de fleur* qui va s'épanouir au soleil de la vie ? Donc, en souvenir et en l'honneur de notre chère patrie, appelons l'enfant *Florzinha da Francia* (*Petite Fleur de France*).

— Oui, c'est cela, dit le parrain enchanté, et la famille répond en chœur : « *Oui, ce sera la Petite Fleur de France.* » Sur ce, je baptise l'enfant et, au moment sacramentel, je dis à haute et intelligible voix : Marie-Bonaventure *Florzinha da Francia*, je te baptise, etc... »

La famille fut contente, le missionnaire aussi.

Peu après notre petite troupe reprenait à bonne allure la marche en avant. La halte de midi n'a rien que de très prosaïque, et le soir, à la tombée de la nuit, nous arrivons exténués de fatigue, mourant de soif, à un *brejo* que les *buritys* géants nous ont fait deviner de loin.

Le temps presse, car la nuit vient brusquement à cette latitude. Nous nous partageons le travail : pendant que les *camaradas* vont à la corvée du bois dans la forêt voisine, le Père Dominique et moi prenons soin des mulets et préparons les couchettes.

Pendant que Rosen cuit le riz et la *carne secca*, nous nous installons dans le hamac et, attendant l'heure du repas, nous égrenons notre rosaire en contemplant le ciel. Rien ne porte à la prière et à la méditation comme ces nuits passées dans le désert. Seul, perdu dans l'immensité, l'homme sent combien il est petit et combien Dieu est grand.

Le temps est calme, pas le moindre souffle de vent. Cependant, bientôt, il nous semble que, dans le silence de la nuit, la forêt s'anime et que les grandes feuilles des *buritys* (palmiers), s'agitent au-dessus de nos têtes. Puis ce sont des cris perçants, on dirait des cris d'enfants qui se disputent et s'invectivent.

Nous avons beau regarder, impossible de rien apercevoir. Inquiet, j'interroge Rosen :

— Oh ! ce n'est rien dit-il ; les *macacos* (singes) de la forêt ont flairé notre présence ; et, comme ils aiment la compagnie, ils sont venus nous visiter. Ne craignez rien, ils ne nous feront aucun mal. Par exemple, si nous avions un chien, le pauvre animal courrait de grands risques. Les singes détestent les chiens ; dès qu'ils en aperçoivent un, ils lui livrent bataille, et, se mettant plusieurs, ils réussissent à l'étrangler. Tenez, vous allez voir.

Se penchant vers le feu, pour mieux se dissimuler, il imite à s'y méprendre l'aboiement d'un caniche. Aussitôt c'est un vacarme assourdissant, tous les singes entrent en furie, descendent des palmiers et s'enhardissent jusqu'à venir tout près de nos hamacs.

Ils sont de taille moyenne ; mais leur nombre est tel que nous ne sommes pas très rassurés. Que deviendrions-nous, s'il leur prenait fantaisie de nous attaquer ? Passer la nuit en pareille compagnie, nous endormir au milieu d'une légion de *macacos* ne nous sourit nullement. Nous supplions Rosen de se taire et de nous délivrer, par un moyen quelconque, de leur présence. Rosen tire un coup de fusil, et aussitôt, comme par enchantement, les *macacos* s'enfuient précipitamment à travers les arbres.

Comme finale du 14 juillet, qui avait si bien commencé avec le baptême de Marie-Bonaventure *Petite Fleur de France*, ce ne fut point banal ; les singes remplacèrent le feu d'artifice. N'importe, savoir si près de nous, pendant la nuit, toute une légion de ces vilains macacos ; être exposés de leur part à quelque retour offensif, n'avait rien de bien rassurant et n'était point fait pour favoriser le sommeil. Et cependant, que faire?

Le *Salve Regina* fut chanté avec une ferveur nouvelle, et bientôt nous nous endormions paisiblement, non toutefois sans avoir pris la précaution de tendre un *voile au-dessus du hamac.*

CHAPITRE VII

FORÊT DANGEREUSE. — SERRONS LES RANGS ET EN AVANT, AGUILUCHO. — FÊTE DE NOTRE-DAME DU MONT CARMEL. — JOSÉ FURTADO. — UN LIVRE DE PRIÈRES MANGÉ PAR UN BŒUF. — TOUCHANTE HISTOIRE DE VICENTE. — SAUVAGERIE DES CANOEIROS.

Le samedi 15 juillet, nous célébrons de bon matin la messe privilégiée du Très Saint Rosaire, et nous partons, quittant sans regret ce campement inhospitalier. A ceux qui prétendent que *l'homme descend du singe*, nous souhaitons simplement d'avoir à *passer une nuit en compagnie de ces quadrumanes*. Le matin venu, ils auront changé d'opinion.

Vers dix heures, nous arrivons à un passage difficile, dans *une forêt des plus sombres*. C'est un fouillis inextricable d'arbres abattus par la tempête, et sur lesquels ont poussé d'autres arbres recouverts de mousses et de parasites, enveloppés, reliés par des lianes géantes.

Le soleil est déjà haut dans le ciel et cependant ses rayons n'arrivent que de loin en loin à percer cette sombre voûte de verdure. Les mulets trébuchent, tombent, se relèvent, pour retomber et se relever encore. L'essentiel pour le cavalier est de ne point s'énerver et de n'engager que le bout du pied dans l'étrier, toujours prêt à le retirer si le mulet vient à s'abattre.

Au moment où nous sommes le plus occupés à franchir ces obstacles, nous entendons à plusieurs reprises un bruit strident, ressemblant à s'y méprendre à un *coup de sifflet à roulette*. Les échos de la silencieuse et ténébreuse forêt le prolongent et le répètent d'une façon sinistre. Qu'est-ce donc ? Arrêter notre *Estrella*, lever la tête et essayer de voir ce qui se passe, d'où vient ce sifflement, est une seule et même chose. Mais les branches des arbres sont tellement touffues que c'est à peine si nous pouvons distinguer ce qui se trouve à un mètre au-dessus de nos têtes et le sifflement paraît venir de la cime des arbres géants.

— Je devine ce que c'est, dit Rosen ; ne craignez rien. Seulement, serrons les rangs et que personne ne s'écarte. Elysiario passera le premier pour frayer la voie ; les deux Pères suivront et *je formerai l'arrière-garde.*

Sans demander d'autres explications, nous suivons Elysiario de très près, et nous entendons Rosen murmurer entre ses dents, croyant ne pas être entendu : « *J'ai seize balles dans mon Winchester, c'est plus qu'il n'en faut contre le monstre. L'essentiel c'est de ne pas être enlevé par surprise.* »

Sur l'ordre de Rosen, Elysiario tire deux coups de fusil en l'air et les sifflements s'espacent et s'éloignent peu à peu.

Une demi-heure après, nous sortons de l'inextricable fouillis.

Rosen nous donne alors l'explication du sifflement entendu.

— Il doit, nous dit-il, provenir d'un grand oiseau de proie, moitié condor, moitié aigle, qui vit isolé dans le Chimborazo, la plus haute montagne des Cordillères. On lui a donné le nom espagnol d'*aguilucho*. Il a le courage et l'audace de l'aigle ; mais il est beaucoup plus grand et beaucoup plus fort. Parfois il s'égare dans la tempête et son vol rapide le porte jusque dans les forêts du Brésil. Lorsqu'il est poussé par la faim, *il s'attaque même à l'homme, qu'il enlève par surprise dans ses serres puissantes pour aller le dévorer sur les rochers des Cordillères.*

Lorsque j'étais enfant, j'ai entendu mon grand-père raconter qu'il attribuait à cet *aguilucho* l'enlèvement et la disparition d'un adolescent qui faisait partie d'une caravane.

— Mais, objectai-je, le susdit jeune homme a pu être surpris et enlevé par un jaguar ou un crocodile.

— Oh ! ce n'est pas possible. Ces bêtes-là, jaguars, crocodiles, nous les connaissons ; nous en avons l'habitude, nous les flairons, si vous préférez, et jamais ils ne nous prennent au dépourvu. Mais un grand oiseau qui vient sans bruit et vous enlève par surprise dans ses serres, c'est différent. Heureusement le cas est rare. Les *aguiluchos* restent habituellement sur le Chimborazo. Mon grand-père en a rencontré un ; nous venons d'en entendre un autre ; peut-être dans cinquante ans mon petit-fils en verra un troisième... Tenez, le voilà ! ajouta-t-il en montrant *au loin dans le ciel un point noir qui allait disparaître.* Il doit regagner les Cordillères. Bon voyage ! Dans ces forêts il convient d'avoir de bonnes armes et de se tenir toujours sur ses gardes.

Qu'y a-t-il de vrai dans le récit de Rosen? Son racontar n'est-il qu'une légende? C'est fort possible Une chose certaine, c'est que nos deux *camaradas, qui n'ont peur de rien et vont au danger comme à une fête, quand il s'agit d'un jaguar ou d'un crocodile, étaient visiblement intimidés.*

Le soir, nous campons dans une clairière qui est une véritable oasis et nous pouvons y prendre un repos bien mérité et préparant à de nouvelles fatigues. Le lendemain nous partons de grand matin. La halte de midi fut des plus agréables, mais aussi des plus courtes, comme toutes les bonnes choses de ce monde. Il nous fallait arriver bien avant la nuit à une rivière dont le nom seul indique qu'elle n'est pas toujours commode à traverser, la *Cana Brava*. Ce qualificatif, appliqué au cours d'eau, signifie impétueux. Il n'y a donc pas de temps à perdre si nous voulons aller camper sur l'autre rive.

Vers cinq heures du soir, nous arrivons au seul endroit guéable de cette *impétueuse*. Les abords ne sont pas trop escarpés et le courant est peu rapide, mais par contre il y a plusieurs mètres d'eau de profondeur. Il faut donc desseller les mulets et les faire passer l'un après l'autre, à la nage ; nous parlons d'abord des mulets, car c'est toujours d'eux qu'il faut s'occuper en premier lieu, tout bon cavalier le sait bien.

Elysiario fait vite un tout petit paquet de ses vêtements, l'attache habilement sur sa tête et, nageant à l'indienne, se trouve bientôt sur la rive opposée, où il reçoit les mulets au fur et à mesure qu'ils passent, leur met les entraves et les envoie brouter l'herbe à demi desséchée qui est leur seule nourriture assurée dans le désert. Le Père Dominique, aussi bon nageur que parfait cavalier, se met en costume de *Caraja* et passe sans difficulté.

Je voudrais bien en faire autant ; mais, hélas ! en l'homme le vouloir et le pouvoir sont deux choses essentiellement distinctes et ma bonne volonté ne me sert de rien en la circonstance. Traverser à la nage ce fleuve profond et large est au-dessus de mes forces, et aucune embarcation ne se trouvant sur les rives, il s'agit de s'ingénier.

Quand on a la bonne fortune de trouver des *buritys* (espèce de palmiers), on fait vite et à peu de frais une *balsa* (radeau). Le bois de *burity* est plus léger que le liège ; les tiges sont solides, il suffit de les relier avec des lianes, et on a une embarcation qui permet d'effectuer les traversées les plus dangereuses. Mais, pas un de ces arbres providentiels n'apparaît à l'horizon, il faut chercher autre chose.

Rosen n'est pas embarrassé pour si peu. Il prend la meilleure des peaux de bœuf non tannées qui servent à couvrir les charges, en relève légèrement les bords, les tend de son mieux et voilà, improvisée en un rien de temps, une barque minuscule. Les deux petites *canastras* renfermant la chapelle de missionnaire, tous nos pauvres effets et les provisions de route, sont placés sur ce cuir ; j'aurai à m'étendre sur les *canastras* en ayant bien soin de me tenir aussi immobile qu'un cadavre. car le plus petit mouvement suffirait à rompre l'équilibre et à tout envoyer au fond de l'eau. Rosen, en nageant, poussera vers la rive cette coque de noix, portant plus que César et sa fortune, portant un missionnaire du bon Dieu et son apostolat.

Les *canastras* viennent d'être chargées, quand Rosen s'aperçoit que notre canot est constellé de petits trous par où l'eau passera bien vite.

Les trous ne sont pas plus gros qu'une aiguille à tricoter ; mais comme il y en a une dizaine, c'est plus qu'il n'en faut pour sombrer avant d'arriver au port.

Que faire ? Les *camaradas* du Nord sont hommes de ressource et il est à croire que ce n'est pas la première fois que pareille aventure arrive à Rosen. Sans se troubler, il fait avec du bois sec autant de petites chevilles qu'il y a de trous, les entoure de coton, et calfeutre ainsi l'embarcation. Au contact de l'eau le bois sec et le coton gonfleront un peu et rendront le cuir parfaitement étanche. Me recommandant à l'Étoile des Mers, serrant contre mon cœur le Rosaire, je m'étends sur les *canastras*. Rosen nage, pousse le frêle esquif, et grâce à Dieu, nous abordons bientôt sans accident sur la rive opposée, où le Père Dominique, qui en a vu bien d'autres, nous attend sans émotion aucune, tant la chose lui paraît naturelle.

Sur notre carnet nous incrivons : *passage original de la Cana Brava* et tout est dit. A la prochaine fois nous serons plus aguerris, car, dans le désert et la forêt, on s'habitue vite à tout. Saint Thomas ne dit-il pas, dans sa *Somme théologique*, qu'il suffit parfois d'un seul acte violent pour créer une habitude. *Habitus corporales quandoque generantur ex uno actu forti.*

Pendant le repas, je félicite le bon Père Dominique de son habileté à la nage que je voudrais bien avoir, mais en guise de compensation, je m'estime heureux de n'avoir pas eu comme lui à passer la rivière, habillé comme les *Carajas* d'un rayon de soleil couchant. Le Père qui a deviné dans mes paroles une petite malice — oh ! bien innocente — me répond sur le même ton : Quand on passe une rivière, qu'on soit *Peau-Rouge*, *missionnaire ou évêque*, l'essentiel est de la *traverser sans se noyer*. Et quand la rivière est large et profonde, le courant rapide, il ne faut pas trop se surcharger, et le rayon de soleil a cela de bon qu'il ne gêne pas les mouvements du nageur et ne le surcharge point.

Le bon Père Dominique était loin *de se douter alors que deux ans après* il serait nommé premier évêque de Conceïçao do Araguaya, puis premier évêque de Porto-Naçional. Son élévation à l'épiscopat n'a rien changé au principe si judicieusement émis sur les bords de la Cana Brava, et aujourd'hui encore sur les bords d'une rivière à traverser il doit se dire : *l'essentiel est de la traverser sans se noyer*; il y va non seulement de vie d'homme, mais de l'apostolat des Indiens.

Après les fatigues et les émotions de cette journée, la nuit est des plus reposantes et, le 17, nous repartons de bonne heure gagnant encore du terrain sur les prévisions les plus optimistes.

A onze heures, nous faisons halte près d'une *lagoa*, entourée de hautes herbes, où disparaissent hommes et mulets. Elle pourrait bien être le repaire de serpents et autres animaux nuisibles; mais nous n'avons pas le choix. C'est le seul endroit où nous puissions trouver de l'eau pour les mulets et pour nous.

Nous venions à peine de nous installer, que deux

cavaliers arrivent en sens opposé. Il sont, eux aussi, à la recherche d'un peu d'eau. Le plus âgé paraît avoir une quarantaine d'années.

C'est José Furtado, le plus honnête homme que la terre ait porté. Le Père Dominique et lui se reconnaissent vite, car ils se sont rencontrés déjà, il y a bien des années.

Une des premières questions que nous adresse José est pour nous demander où il pourrait se procurer un livre de prières, comme celui que *les bœufs lui ont mangé*.

— Dans ce livre il y avait tout, nous dit-il, la doctrine chrétienne, quelques chapitres choisis de l'Imitation de Notre-Seigneur, des prières si pieuses qu'elle inspiraient la plus ardente dévotion. Hélas ! une nuit que je campais en plein air, après avoir lu quelques pages, je laissai par terre mon livre à côté de moi. Des bœufs qui paissaient dans le voisinage s'approchèrent subrepticement et le dévorèrent bel et bien ; je ne l'ai plus revu. Les herbivores n'en sont pas devenus plus savants et mon âme est privée de son meilleur aliment.

Le Père Dominique connaît ce livre, et au grand contentement de José, il lui promet de lui en faire parvenir un, par le premier Père de Porto Nacional qui viendra évangéliser la région.

— Cet exemplaire-là, dit José, les bœufs ne le mangeront point !

Les lecteurs se demanderont peut-être *comment et pourquoi les bœufs du sertão dévorent les livres?* Ce n'est assurément pas par amour de la science ; mais le fait est certain ; tous les missionnaires le connaissent ; aussi ne laissent-ils jamais leur bréviaire à la portée d'un ruminant.

José Furtado, qui, à une grande piété, joint l'esprit d'observation et un brin de philosophie explicative des faits par leurs causes, nous donne la clef de ce qui était pour nous un mystère.

— Dans ces pays chauds, nous dit-il, il est impossible de feuilleter souvent un livre sans que les doigts y laissent leur trace. Le papier finit par s'imbiber de sueur âcre et de sucs salins, dont les bœufs sont friands. Quand ils rencontrent des pierres à salpêtre, ils les lèchent des heures durant et, quand ils trouvent un livre où les doigts ont laissé leur trace, ils le dévorent.

José Furtado et son jeune compagnon sont invités à partager notre riz et notre *carne secca*. Ils acceptent comme on accepte toujours dans le désert, et ils nous offrent à leur tour des fruits délicieux.

Nous pensions que Vicente, le jeune adolescent qui accompagnait José Furtado, était son fils ; mais José nous dit qu'il n'est pas même son parent, et il nous conte son histoire qui est des plus tragiques.

Il n'y a pas encore un an, vivait, non loin d'ici, une heureuse famille. Le père était mort ; mais il restait la mère, jeune encore, deux charmantes petites filles de dix et douze ans et Vicente qui entrait dans sa quinzième année. Une petite *roça* où tout venait presque sans travail, un troupeau de vaches paissant en liberté dans l'immensité du *sertão*, des orangers, des bananiers, des mangueiros, des ananas qui donnaient des fruits en abondance, grâce au Soleil du bon Dieu, c'était plus qu'il n'en fallait pour leur bonheur.

Un jour — il y a quelques mois à peine — Vicente fut obligé de s'absenter, deux jours seulement, pour venir à ma *casa* apporter un hamac que sa mère et ses jeunes sœurs m'avaient confectionné. Quand il revint, le soir du second jour, il trouva sa mère et ses petites sœurs étendues par terre, baignées dans leur sang, percées par les flèches des Canoeïros, *Peaux-Rouges d'une férocité sans égale*. On savait bien que leur tribu campait dans ces parages ; mais jamais on ne les aurait cru assez hardis pour venir jusque dans une ferme commettre leur horrible forfait. A partir de ce jour nous faisons bonne garde, et malheur au Canoeïro qui passe à portée de fusil.

— J'ai pris Vicente dans ma famille, je l'ai adopté comme mon fils et dans deux ans il épousera la fille de mon frère. Père, vous viendrez bénir le mariage.

— Volontiers, répond le Père Dominique, et, si d'ici là je rencontre les Canoeïros, je les évangéliserai pour qu'ils ne recommencent point.

— Oh ! Père, ne vous y hasardez pas, interrompt José, les Canoeïros sont féroces et ne ressemblent pas aux Kayapos ; pour eux, le *Papaï Grande* n'existe pas.

— Nous verrons bien, poursuit le Père Dominique ; les Carajas non plus n'étaient point commodes quand le Père Gil les aborda. Aujourd'hui ils sont nos meilleurs amis, nos défenseurs. Il en sera un jour de même des Canoeïros.

— En tout cas, conclut Rosen, ce ne sera point dans ce voyage. Nous sommes avertis : ce soir, demain et après-demain, nous ferons bonne garde en campant sur leur territoire, et avec eux, point de pourparlers, nos Winchester les tiendront à distance.

J'interviens à mon tour dans le débat. J'essaie, mais en vain, de faire entendre à Rosen que le bon moyen pour adoucir les mœurs des Peaux-Rouges, n'est pas de leur envoyer des balles dans la peau ; cela ne fait que les rendre encore plus féroces et perpétuer l'état de guerre.

— N'est-il pas plus simple de laisser le missionnaire faire son œuvre d'apostolat et de civilisation ? C'est pour les convertir que nous sommes venus dans ces régions.

Rosen, qui m'a écouté sans broncher, tout en caressant la crosse de son fusil, conclut sur un ton qui indique bien que mon raisonnement ne l'a point touché :

— Père, on voit que vous ne connaissez point cette race. Nous qui l'avons vue de près, nous partons du principe : *O Indio e bicho mão* (l'Indien est une bête malfaisante) et nous pensons que c'est rendre service à la société que de l'en débarrasser, comme on se débarrasse d'un jaguar ou d'un *cascavel* (serpent à sonnettes). Il vaut mieux tuer le diable que se laisser tuer par lui ; vous *l'avez souvent prêché et je le mets en pratique.*

Père, vous commandez en maître en tout ce qui regarde la messe et les sacrements ; mais c'est à moi qu'il appartient d'assurer la *sécurité* de la *caravane;* aussi n'insistez pas, c'est inutile. *O Indio e bicho mão.*

Rosen est tellement convaincu de ce qu'il dit, que tout raisonnement est inutile, je le vois bien. Il a, d'ailleurs, c'est très vrai, la *responsabilité de la caravane;* à nous d'obéir de bonne grâce et de prier la Providence d'éloigner les Canoeiros de notre horizon.

Après le repas nous faisons en commun une prière pour la mère et les deux jeunes sœurs de Vicente, victimes des flèches empoisonnées ; nous bénissons l'adolescent et son père adoptif et nous nous disposons à partir.

Pendant que nous sellons nos mulets, José Furtado, qui connaît toute la région, donne à Rosen des indications précieuses et l'engage à presser le pas des mulets afin d'arriver avant la nuit à une belle clairière, où nous pourrons allumer un grand feu.

— La forêt, dit-il, est des plus dangereuses. Les jaguars y ont établi leur quartier général. Établissez donc, ce soir, votre campement à distance convenable, afin d'éviter toute surprise.

Rosen et Elysiario, qui sont deux chasseurs de race, remercient le brave José. Ils sautent en selle joyeusement : « Avant la nuit nous serons, grâce à Dieu, dans la clairière, et alors les jaguars ne nous feront pas peur ; qu'ils viennent ! nous ne demandons pas mieux, ils seront bien reçus. »

— Bon, pensai-je, les *Canoeïros d'un côté*, les *jaguars et les serpents de l'autre*, décidément ces parages sont peu hospitaliers. Hardiment, en route !

Il faut, tout en chevauchant, réciter le bréviaire et ce n'est pas facile ! A chaque instant, une liane, une branche trop basse barrent le chemin.

Heureusement qu'*Estrella* est une mule intelligente ; je puis laisser flotter les rênes, et avoir les deux mains libres, l'une pour tenir le livre, l'autre pour écarter les obstacles, sans avoir rien à craindre. Consciente de l'importance de sa charge, fière de la confiance qu'on lui témoigne, elle suit toujours la

bonne direction sans un faux pas et sans un caprice ;
c'est vraiment une mule modèle !

Je venais à peine d'achever la récitation de mon
bréviaire qu'*Estrella* fait, sans crier gare, un bond
violent et c'est merveille si je ne vide pas les étriers.

Au cri que je pousse instinctivement Rosen accourt.
Devinant ce qui a pu arriver, il met pied à terre,
avance à travers les hautes herbes avec précaution
et, d'un coup de *facão*, partage en deux un énorme
jararacuçu, serpent dont le venin est aussi violent
que celui du serpent à sonnettes.

Rosen reprend la tête de la petite caravane, presse
l'allure, et bien avant le coucher du soleil, nous arrivons à la grande clairière indiquée pour le campement
de nuit.

CHAPITRE VIII

CAMPEMENT DANS LA CLAIRIÈRE. — VEILLÉE EN ARMES
DE ROSEN ET D'ELYSIARIO. — OISEAUX DE NUIT. —
LES MULETS FLAIRENT LE JAGUAR. — STRATAGÈME
DE ROSEN. — REDONDO ET LES SANGSUES. — PRIS
PAR LES FIÈVRES EN PLEINE FORÊT. — ARBRE A
QUININE. — CHASSE AUX PÉCARIS.

La clairière indiquée par José Furtado mesure
quelques centaines de mètres de côté ; par conséquent,
en installant notre léger campement au centre, nous
n'avons rien à redouter : les flèches des Canoeïros ne
peuvent nous atteindre de la lisière de la forêt, et les
jaguars ne s'éloignent guère de l'eau qui se trouve à
environ cinq cents mètres.

Rosen et Elysiario, tenant les mulets en laisse, les
mènent boire au *Rio* et en rapportent assez d'eau
pour le repas et le café du soir et du lendemain. Mieux
vaut, en effet, même armé d'un bon fusil, n'avoir pas
à aller de nuit dans cette forêt dont on nous a dit si
peu de bien.

Un grand feu est allumé ; nous dormirons tout près,
étendus sur des peaux de bœufs. La conversation des
camaradas roule comme toujours et à plus forte
raison en cette circonstance, sur la chasse au jaguar
et au crocodile, sur les Indiens, etc. Nos guides s'as-

surent que les seize cartouches à balle sont en bon ordre dans le magasin de leur Winchester, et décident de veiller à tour de rôle pour faire le guet, *à cause des surprises toujours possibles de la part des Peaux-Rouges* : « L'essentiel, disent-ils, est d'abattre proprement et à bonne distance les premiers qui déboucheront de la forêt ; cela découragera les autres. »

Nous avons beau protester, dire qu'ainsi, jamais nous n'aurions pu évangéliser les Carajas et les Kayapos, les *camaradas* ripostent qu'avec *notre système nous serions mangés par les Canoeïros*, et qu'il vaut mieux tuer le diable que se laisser tuer par lui.

Nous sentons bien qu'aucun raisonnement ne changera leur manière de voir, et nous n'insistons pas.

Après la prière du soir faite en commun et le chant du *Salve Regina*, nous nous étendons tranquillement sur nos cuirs de bœuf ; Elysiario fait le guet : à minuit, Rosen prendra son tour de garde ; à trois heures nous serons debout pour la Sainte Messe.

Quelques coups de fusil sont tirés pour annoncer que l'on veille, et nous nous endormons sous la protection de Dieu et de Marie Immaculée. Aucun mauvais rêve, aucun cauchemar de jaguar ou de Canoeïros ne vint troubler notre paisible sommeil.

Vers une heure du matin, nous sommes réveillés par des cris aigus.

— Qu'est-ce? demandai-je tout bas à Rosen, qui attise le feu tout en surveillant les alentours.

— Ce n'est rien ; Père, dormez tranquille ; ce sont des oiseaux qui s'appellent dans la nuit.

En effet, à n'en juger que par les cris eux-mêmes, on jurerait que ce sont bien des oiseaux qui les poussent. Mais, à cette heure, *la gent ailée est endormie et Rosen caresse affectueusement la crosse de son arme de guerre.*

— Par exemple, ajoute-t-il, les jaguars ne doivent pas être bien loin ; les mulets les ont sentis et se sont rapprochés de nous. Encore une fois, *Padre,* dormez en paix, car je veille et réponds de vous. D'ailleurs les jaguars ne se hasarderont point à venir dans la clairière où flambe un grand feu ; je connais leurs mœurs, ils resteront dans la forêt, près du cours d'eau. Demain je verrai ce qu'il y a à faire. Pour le moment, nous avons, *vous* à dormir en paix, *moi* à faire mijoter le *feijão,* tout en restant sur le qui-vive.

Le bon Rosen nous réveilla non point à trois heures comme il était convenu, mais à quatre. Nous voyant dormir si paisiblement, il voulut nous laisser reposer un peu plus. Ce faisant, il nous donnait sans doute une preuve de sa tendre sollicitude, mais il avait aussi une arrière-pensée, nous le verrons tout à l'heure.

Pendant la Sainte Messe, les *camaradas* conduisent les mulets au petit *Rio.* Ceux-ci, se sentant protégés par la présence de l'homme, se laissent mener sans crainte et boivent tranquillement à leur soif. Un peu avant six heures, le jour commence à se lever, et tout est prêt pour le départ. Au lieu de sonner le boute-selle, Rosen nous prie de l'attendre pendant qu'il retourne avec Elysiario dans la forêt.

Je les vois prendre leurs armes et ils partent avec *Beïja-Flor,* le plus petit et le plus jeune, mais aussi le plus fringant de nos mulets. Je pense qu'ayant aperçu quelque grand oiseau ou les traces d'un cerf, ils veulent essayer de le tirer et je n'y attache pas autrement d'importance.

Profitant de ces quelques instants de répit, je récite les Petites Heures, c'est plus facile qu'en chevauchant. Toutes mes prières sont terminées et les *camaradas* ne sont pas encore revenus.

Je prête l'oreille : pas un bruit ne vient de la forêt. Ce retard commence à m'inquiéter... Soudain, j'entends deux coups de fusil, tirés à peu près simultanément et presque aussitôt le son de la *buzine* (corne de bœuf) et la voix de Rosen qui crie :

— *Padre, Padre*, venez voir.

J'accours et, près du *Rio*, je vois Rosen dans une pose de gladiateur, *le pied posé sur l'échine d'un énorme jaguar.*

Voici ce qui était arrivé : de l'attitude des mulets pendant la nuit, il avait conclu qu'un fauve devait être blotti dans les broussailles près du ruisseau, guettant les animaux assez imprudents pour aller boire. En conduisant les mulets il avait reconnu les traces d'un jaguar adulte ; mais celui-ci, voyant les animaux en nombre et sous la protection de l'homme n'avait eu garde de se montrer. Il fallait lui tendre un piège pour le faire sortir de son repaire.

Rosen revient donc avec son compagnon, attache *Beïja-Flor* de l'autre côté du *Rio* et se cache avec Elysiario à bonne distance, immobile comme une statue de marbre, mais ne perdant pas un des mouvements du jeune mulet. Celui-ci, flairant le jaguar, se démène, essaie de rompre ses liens ; mais, attaché court et solidement, il ne peut y parvenir. Le jaguar sort avec précaution de son fourré, avance en rampant, bondit sur *Beïja-Flor*. C'était le moment propice... Rosen et Elysiario, le genou en terre, font feu, le fauve, tiré au vol, *tombe foudroyé*. Sa belle fourrure ornera un jour de musée de l'Angelico à Rome, capitale du monde chrétien. Quel sort plus beau pouvait désirer le jaguar?

A 7 heures et demie, nous partons avec un peu de retard sur l'heure habituelle ; mais heureux d'emporter un si beau trophée de chasse.

La journée se passe sans incident fâcheux. Les Peaux-Rouges Canoeïros ne se montrent point.

Nous devons chevaucher, plusieurs heures durant, dans une plaine marécageuse. Par endroits se trouvent de grandes flaques d'eau croupissante et boueuse où pullulent des myriades de cousins au dard effilé, des crapauds géants et toutes sortes de reptiles. Hélas ! altérés par le chaud soleil et mourant de soif, nous ne pourrons nous empêcher de boire de cette eau méphitique et empoisonnée. Que Dieu nous garde de ses effets pernicieux. !

Nous avons hâte de sortir de ces lieux malsains, nous faisons de notre mieux pour nous garantir des moustiques dont la piqûre inocule la fièvre. Nos braves coursiers ont hâte, eux aussi, d'arriver sur un meilleur terrain, mais dans ce sol détrempé ils enfoncent parfois jusqu'au paturon et la marche n'est pas aussi rapide que nous le désirerions.

Un de nos meilleurs mulets de charge, *Redondo*, ainsi nommé à cause de la rotondité de sa panse entraîné par son appétit glouton, s'étant éloigné de la caravane pour aller brouter des plantes aquatiques, faillit être victime de son intempérance. Il enfonça

trop profondément pieds et jambes dans les marais
et il fallut beaucoup d'habileté aux *camaradas* pour
l'en retirer. Il en sortit tout couvert de boue infecte
et de... sangsues affamées qui s'étaient attachées à
ses jambes. Les quatre pattes et le poitrail du pauvre
animal disparaissent sous cette légion de bestioles,
qui, heureuses d'avoir trouvé une telle proie, se
gonflent à plaisir et, dès qu'on les touche, s'agitent,
se tordent comme des serpents, tout en continuant à
sucer le sang de leur victime. Comment les faire
tomber? Il nous répugne de toucher du doigt ces
vers aquatiques et même en les prenant à pleines
mains nous ne réussirions pas à les arracher toutes.

Rosen, qui n'est pas seulement cavalier, marin,
chasseur et cuisinier, mais un peu factotum et même
médecin, a recours à un procédé plus simple et plus
expéditif, que nous avons vu employer, depuis, par
nos Sœurs garde-malades. Il ouvre la *bruaca* des provisions, prend une poignée de sel et en saupoudre les
jambes du mulet. Dès que le sel a touché les sangsues,
elles lâchent prise et tombent à terre.

Mais, tout aussitôt, un liquide noirâtre, visqueux,
infect, me jaillit à la figure et constelle de grosses
taches noires ma soutane blanche.

C'est *Redondo*, qui, tout heureux d'être délivré se
bat les flancs avec sa longue queue et m'asperge
copieusement. C'est sa manière à lui de témoigner
son contentement, sa reconnaissance, et les coups de
fouet que lui administre Elysiaro n'enlèvent pas une
seule tache de ma pauvre robe. J'en serai quitte pour
la laver à la prochaine halte, et une demi-heure de
ce soleil du Brésil suffira à la sécher.

Enfin, grâce à Dieu, nous sortons des marécages.

Le soir venu, nous campons sous de grands arbres, dont le feuillage préservera notre sommeil de la rosée nocturne.

Jusqu'alors, nous avions supporté vaillamment les fatigues de la route. Mais, cette nuit-là, le Père Dominique commence à ressentir les premières attaques de la fièvre paludéenne.

Le matin venu, nous partons cependant, car que faire dans le désert? Nous devons, à tout prix, en sortir au plus vite. Mais bientôt le cher Père est pris d'une forte toux. Ses pieds ne gardent point les étriers, ses longues jambes se refusent à tout effort; il tomberait si Rosen n'était à son côté pour le soutenir.

Je m'approche de lui et je suis vraiment effrayé de la gravité de son état. Malgré cinquante degrés de chaleur, il *claque des dents; tout son corps est agité par un tremblement nerveux.* Nous faisons halte en pleine forêt. Le hamac du malade est suspendu à deux palmiers, dont le bouquet forme un dôme de verdure protectrice. Nous entassons toutes nos pauvres couvertures sur le Père; mais elles ne l'empêchent point de grelotter. Une pierre plate, chauffée au brasier, ne réussit pas à ramener la chaleur aux extrémités. Je me demande ce qui va arriver, et la mine de Rosen est loin de dissiper mes inquiétudes.

— *Padre*, me dit-il, tout ce que nous faisons pour réchauffer le malade, ou rien, c'est absolument la même chose. La chaleur doit venir de l'intérieur; vous mettriez les pieds du Père dans le brasier que ses dents claqueraient encore. Vous pourriez lui faire avaler un kilo de quinine, tant qu'il sera dans cet état, elle ne produira pas plus d'effet que si vous la mettiez sur le cuir de ses bottes.

— Mais alors, que faire?... Où trouver un remède efficace dans cette forêt !... Y a-t-il du danger?

— Si nous pouvions avoir quelques bons citrons, nous en ferions une infusion qui, mélangée à de la quinine, produirait un effet salutaire... La tisane de citron a la propriété de dissoudre la quinine dans l'estomac; elle permet au malade de se l'assimiler; elle provoque en même temps une sueur abondante et la fièvre s'en va... Mais comment trouver des citrons, même sauvages ! Il faudrait pour cela un vrai miracle.

Il s'arrête, et après avoir réfléchi un instant, il ajoute :

— *Padre*, restez ici avec Elysiario ; je vais aller dans la forêt ; j'essaierai de trouver quelques citronniers sauvages. Priez pour que je réussisse. C'est notre seul espoir.

Rosen monte sur *Gavião* (épervier) et part plein de confiance en Dieu.

Je prends en main le Rosaire et, agenouillé près du hamac du Père Dominique, je l'égrène pieusement. Des larmes coulent le long de mes joues. Ah ! que l'on est heureux en ces circonstances d'avoir la foi, de lever les yeux au ciel et d'invoquer le Père qui voit les besoins de ses enfants et peut les secourir. Il peut bien, s'il le veut, faire pousser un petit citronnier, en pleine forêt ! Et pourquoi ne le ferait-il pas à la prière de sa Mère Immaculée !

Rosen revient enfin. Avant de se montrer, il tire, en signe de joie, un coup de fusil en l'air.

— *Padre, Padre*, s'écrie-t-il, victoire ! Notre-Dame du Rosaire a entendu *nos* prières, je dis *nos*, car moi aussi j'ai prié de tout cœur et la Bonne Mère nous a exaucés au delà de nos espérances. Voici tout un sac de citrons, non point sauvages et rabougris, mais de vrais et beaux citrons. Comment ce citronnier se trouvait-il, seul de son espèce, au milieu des autres arbres? Comment était-il chargé de fruits? Ne me le demandez pas, je n'en sais rien ; Dieu le sait... Et ce n'est pas tout. Voyez, ajoute-t-il triomphalement, en montrant une grosse gerbe de fleurs et un paquet d'écorces, dont j'ignorais le nom, la provenance et l'utilité !... Ah ! voyez-vous, *Padre*, Notre-Dame du Rosaire ne fait pas les choses à demi ! Foi de Rosen, dans quelques heures, l'accès de fièvre aura disparu et demain, avec des précautions, le Père Dominique pourra remonter à cheval et sortir de la forêt.

Ce disant, Rosen place sur le feu, nos deux ustensiles de cuisine, la marmite et la grande cafetière. Dans la marmite, il met sans compter des tranches de citrons ; dans la cafetière, il jette des poignées d'écorce coupée en petits morceaux et, quand l'eau sera en ébullition, il ajoutera deux pincées de fleurs.

Tout en attisant le feu et en préparant ces remèdes merveilleux, Rosen ne cesse de parler :

— Je vous l'ai déjà dit, *Padre*, le *chà* (tisane) qu'on fait avec des citrons a la propriété de dissoudre la quinine dans l'estomac du malade, et la quinine, ainsi infusée dans le sang, y tue tous les germes de la fièvre. Le malade ne tarde pas à transpirer abondamment ; autant il a eu froid, autant il a chaud maintenant et tous les principes morbides sont éliminés. Cela, *Padre*, c'est ce qu'on appelle de la médecine et de la science. Mon défunt père — que Dieu le tienne dans sa gloire! — l'avait appris de son grand-père, qui l'avait appris de son grand-oncle, qui, lui, le tenait d'un fameux savant de Belem de Para, dont il avait été le *camarada* sur les bords de l'Amazone.

Je ne comprends pas encore.

— Qu'est-ce donc que cette écorce? et que sont ces fleurs?

— Oh! *Padre*, excusez-moi, si je ne vous l'ai pas dit : c'est par là que j'aurais dû commencer: En même temps qu'elle me faisait trouver un citronnier, la Sainte Vierge m'a fait découvrir un *cinchona* (arbre à quinquina) en fleurs. L'écorce et les fleurs du *cinchona* sont, vous le savez, un spécifique souverain contre la fièvre paludéenne?

Mais déjà dans la marmite et la cafetière l'eau est en ébullition. Rosen ajoute encore quelques fleurs de quina, recouvre soigneusement, puis sert alternativement et presque bouillant au cher Père, qui sourit sans prononcer une parole, car il a entendu toute notre conversation. Bientôt commence une sueur abondante. Peu à peu le malade s'endort paisiblement.

Le lendemain, bien qu'un peu faible encore, il pouvait remonter à cheval.

Le 20, je célèbre en actions de grâces, la messe privilégiée de Notre-Dame du Rosaire et nous partons, louant et bénissant le Seigneur, qui n'abandonne jamais ceux qui se confient en Lui.

Nous chevauchions depuis déjà quelque temps, quand, débouchant de la forêt dans une vaste plaine,

HALTE DE PEAUX-ROUGES
ALLANT VISITER DES MISSIONNAIRES

INDIENS TAPIRAPÈS

PASSAGE DIFFICILE D'UN GRAND FLEUVE

L'AUTEUR SE DISPOSANT A SAUTER DANS LA LÉGÈRE UBA
QUI VA TRAVERSER L'ARAGUAYA

nous apercevons au loin un troupeau de petits quadrupèdes noirs que nous prenons pour des sangliers. En nous voyant, ils hument l'air, puis filent vivement dans la direction opposée.

— Ce sont des *pécaris*, me dit Rosen, et l'un d'eux va fournir un excellent rôti pour le cher convalescent et pour nous aussi. Vous allez voir !

Je le vois, en effet, prendre son Winchester, puis ajuster et attendre... Cette expectative me surprend, car je sais par expérience qu'il faut moins de temps à Rosen pour bien viser. Ce n'est que lorsque le troupeau est bien loin qu'il décharge son arme. Un *pécari* à l'arrière de la bande tombe, se relève vite et reprend sa course ; mais un second coup l'abat à nouveau, sans qu'il puisse se relever.

Lorsque le troupeau eut complètement disparu, Rosen et Elysiario allèrent chercher leur butin, qui fut écorché en notre présence. Je remarque alors que la première balle, entrée par le flanc droit, après avoir fracassé l'épaule et brisé l'os de la mâchoire supérieure, était venue affleurer sur la hure entre chair et peau : une légère incision suffit à la mettre à découvert. Ce n'était point celle-là qui l'avait tué, la seconde avait touché le cœur et la mort avait été instantanée. Je donne ce détail pour bien montrer la vigueur des animaux vivant à l'état sauvage.

Rosen m'explique alors pourquoi il a laissé le troupeau s'éloigner ainsi avant de tirer.

— Les *pécaris*, me dit-il, vivent par bandes sous la direction d'un chef dont l'autorité est incontestée. C'est lui qui donne le signal *du départ ou de l'attaque*, et les autres suivent aveuglément. Ils ne sont pas agressifs par nature et ils restent inoffensifs pour l'homme tant qu'ils ne sont pas attaqués. Mais malheur au chasseur qui aura blessé l'un d'entre eux sans être à longue distance ! Toute la bande fonce sur lui en bataillon serré et l'agresseur, déchiré par leurs crocs redoutables, succombe sous le nombre. Le jaguar lui-même, malgré sa force, son agilité, son audace, a besoin de ruser pour lui échapper. Le plus souvent il reste sur une branche, caché par le feuillage à la lisière de la forêt. Quand la bande de *pécaris* a passé, il bondit sur l'un des retardataires, lui enfonce dans la gorge ses griffes, faisant des blessures d'où le sang s'échappe à flots et, en moins de temps qu'il n'en faut pour le dire, rebondit sur l'arbre qui lui a servi pour faire le guet. Au grognement de détresse poussé par la victime, toute la bande accourt et se précipite dans un assaut furieux contre l'arbre. Le jaguar n'a garde de descendre, car il serait happé au passage et déchiré à belles dents. Parfois le troupeau reste ainsi des heures entières. A la longue les *pécaris* se lassent et finissent par s'éloigner. Le fauve descend alors et emporte dans les profondeurs de la forêt la proie restée sur le champ ce bataille !

CHAPITRE IX

ARRIVÉE A DESCOBERTO. — LA MAISON HOSPITALIÈRE DE LA VEUVE. — UNE TRAGÉDIE DANS LE SERTÃO. — ARRIVÉE DU BON PÈRE BERTRAND OLLÉRIS. — L'IMPERADOR DE LA FETE DU DIVINO. — COMMENT AVEC DE LA BONNE VOLONTÉ TOUT S'ARRANGE. — SAINTE MARIE-MADELEINE AURA SON IMPERADOR. — MESSES SOLENNELLES. — CHAUVES-SOURIS PEU COMMODES. — LE DOCTEUR BOSSU ET LES MINES D'OR.

Le 21 juillet, la Sainte Messe est célébrée sous de grands palmiers qui forment un magnifique dôme de verdure où de merveilleuses orchidées jettent leur note gaie et étincelante aux rayons du soleil levant.

Notre provision de café et de sucre touche à sa fin. Rosen et Elysiario ne l'économisent guère. Mais, avant le coucher du soleil, nous devons, dit Rosen, arriver à la charmante petite cité de Descoberto, où les amis des Pères se feront un honneur et un plaisir de nous ravitailler.

— Nous pouvons donc, conclut-il, donner ce matin et à midi double ration à chacun et même triple au Père Dominique, car le café est un excellent fébrifuge.

Nul ne songe à le contredire. Nous avons en lui une

telle confiance, que nous sommes certains, que sans carte, sans boussole, sans instrument d'aucune sorte, sans route et sans indication, *n'ayant pour guide que le soleil*, il n'aura pas dévié d'une ligne, et que Descoberto ne doit pas être loin.

Le Père Dominique est encore un peu pâle, un peu jaune serait plus exact ; mais il ne sent aucun malaise et il affirme avec énergie qu'il pourra certainement fournir cette étape, et même, s'il le faut, accélérer le pas de *Rosinha*.

A trois heures, nous faisons dans la charmante cité de Descoberto *une entrée inattendue*, qui n'est point sans produire quelque émotion et sans susciter des commentaires. On nous conduit immédiatement dans une des plus jolies maisons de la ville, tout près de l'église. Cette maison appartient à une veuve, dont l'histoire, *des plus tragiques*, fournirait la matière d'un livre historique qu'on pourrait prendre pour un roman.

Épouse modèle, mère de famille élevant pieusement de nombreux enfants, elle a d'abord vu l'aînée de ses filles, *encore tout adolescente*, enlevée et séquestrée par un des amis de la famille, homme redoutable entre tous par ses hautes relations, sa fortune, sa force et son audace, ne reculant devant aucun moyen, *pas même devant le crime, pour arriver à ses fins*. Quand la jeune fille disparut soudain, tous, dans la petite ville devinèrent ce qui était arrivé ; mais nul n'osa parler et à plus forte raison accuser ; émettre le moindre soupçon eût été prononcer son arrêt de mort. Dans le désert, je l'ai déjà expliqué, chacun est obligé de se rendre justice à lui-même ; les représentants de l'autorité *sont trop loin* et arrivent toujours *trop tard*.

Quelque temps après cet événement, le père de l'adolescente meurt subitement pendant qu'il prenait un rafraîchissement *en compagnie du ravisseur.* Les frères de la jeune fille étant encore enfants, X... allait pouvoir tout se permettre, il le croyait du moins. Les anciens disaient que le châtiment suit le crime, mais tardivement, *pede pæna claudo.* Pour nos chrétiens, nous savons que le bon Dieu se rit des projets des méchants.

> *Que les rois dans le Ciel ont un juge sévère,*
> *L'innocence, un vengeur et l'orphelin, un père.*

Dans le désert, les nouvelles se répandent avec une rapidité et une sûreté d'information extraordinaires. Un beau jour, on apprit qu'un des cousins de l'adolescente était arrivé et se fixait dans la petite ville. Tout le monde eut le même pressentiment, je pourrais dire la *même certitude*, mais personne ne dit mot.

X... commença à trembler ; il se tint sur ses gardes, et ne sortit qu'armé de son fusil, comme il en avait du reste la prudente habitude. Cela n'empêcha point, qu'on ne le trouvât bientôt étendu à l'orée du bois, la tête fracassée par une balle. On attribua la mort à un accident de chasse, on respira plus à l'aise et on n'en parla plus.

La maison de la veuve devint, comme par le passé, heureuse, paisible et hospitalière. C'est là que descendent les Pères de Goyaz, quand, une fois par an, ils viennent évangéliser Descoberto. L'habitation leur est abandonnée tout entière ; les Pères y sont seuls, pendant leur séjour, ainsi, du reste, le veulent les usages et le respect dont on entoure les religieux. Les propriétaires vont loger dans une autre de leurs maisons et y préparent les repas des missionnaires, qui sont apportés aux heures règlementaires sur un beau plateau, avec des serviettes blanches comme de la neige.

Nous trouvons l'intérieur arrangé comme si on nous eût attendus, et cependant nul ne pouvait prévoir notre arrivée. J'en fais l'observation et alors tout s'explique. Un Père de Goyaz, dont on ne peut me dire le nom, se trouve dans les environs pour la *desobriga* et on l'attend à Descoberto, pour célébrer en grande pompe la fête du *Divino*. On sait que cette fête du Saint-Esprit est célébrée avec la plus grande solennité dans tout le Brésil et plus spécialement dans le *sertão*, où elle est, hélas ! parfois une occasion de désordre. La fête du *Divino* est l'événement le plus considérable de l'année. C'est, tout à la fois, fête religieuse et fête civile, fête patronale et fête nationale.

Or, on attend à Descoberto l'arrivée du Père pour la célébration de la fête. Un groupe de jeunes et brillants cavaliers est parti dans la matinée pour aller à sa rencontre et lui faire une escorte d'honneur.

On nous a d'abord pris pour les Pères de Goyaz et on n'a pas été peu surpris de nous voir arriver sans l'escorte. Au premier moment, on a pensé que les jeunes cavaliers avaient fait fausse route, n'avaient pas su trouver le *Padre* et on se promettait de les plaisanter à leur retour.

Comme nous parlons encore, nous entendons le son

de la *buzina*. C'est le Père qui arrive, précédé par les jeunes cavaliers qui entrent brillamment dans Descoberto au galop de leurs étalons. Il importe, dans ces circonstances, que le missionnaire soit, lui aussi, bon cavalier et ne fasse pas trop mauvaise figure en présence de tous les habitants de la cité qui regardent et applaudissent.

Nous avons vite reconnu le cher Père Bertrand Olléris. Notre joie à tous est encore plus grande que notre étonnement d'une rencontre aussi providentielle.

La fête du *Divino* qui demande à l'*Imperador* une certaine préparation immédiate, a été fixée au troisième jour de l'arrivée du missionnaire. L'*Imperador* est celui qui a été désigné par le suffrage universel pour présider la fête. C'est lui qui, pendant toute l'année, garde la couronne d'or, le sceptre et surtout la fameuse bannière aux broderies d'or et de soie représentant la descente du Saint-Esprit sous la forme d'une colombe. Au matin de la fête, il revêtira en grande pompe les insignes impériaux ; la *banda da musica*, quand il y en a une, ira le prendre à sa maison pour le conduire à l'église ; tout le peuple lui fera escorte et l'acclamera comme autrefois le peuple de Rome *acclamait ses empereurs quand ils revenaient en triomphateurs dans la capitale du monde.* A la porte de l'église, le cortège s'arrête et l'*Imperador* est encensé comme on encense les évêques. Voilà pour les honneurs.

Mais il y a aussi les charges et ici se vérifie le vieux proverbe romain : *honor, onus.* L'*Imperador* doit faire tous les frais. Comme aux Césars de la Rome païenne, le peuple demandera : *panem et circenses*. Le pain introuvable et inconnu dans le *sertão* sera remplacé par la viande. Les jeux ne manqueront pas.

Selon les localités, on tuera quatre, cinq ou dix grands bœufs. Il faut qu'il y en ait pour tous, que chacun puisse manger à son appétit et qu'il en reste.

Cette année, l'*Imperador* est un des plus proches parents de la veuve qui a mis sa maison à la disposition des missionnaires et il tient à bien faire les choses. Il insiste pour que nous restions avec le bon Père Bertrand Olléris, jusqu'au jour du *Divino*. Jugez donc : *trois Pères* au lieu d'un seul. Cela ne s'est jamais vu à Descoberto. C'est une faveur unique ménagée par la Providence au brave *Imperador* et à toute sa famille. On en parlera dans les siècles futurs !

Nous voudrions bien lui donner satisfaction, mais alors il nous faut renoncer à arriver à Formosa pour la Saint-Dominique. Quoi que nous fassions, en effet, nous ne pourrons jamais regagner ces trois jours de halte et il nous faudra célébrer dans le désert la belle fête de notre saint Fondateur. L'*Imperador* le comprend et, malgré son désir immense de nous retenir, il a la délicatesse de ne point insister ; mais on voit sur sa figure martiale, bronzée par le soleil, une tristesse qui nous va jusqu'au plus intime du cœur. Aussi, après avoir pris conseil du Père Dominique, je lui propose une *combinação* qui peut tout concilier et, devant tout le peuple assemblé, je l'interpelle en ces termes :

« *Tout puissant Empereur du Divino*, il n'est rien de possible que nous ne soyons disposés à faire pour vous être agréable. Rester ici jusqu'au troisième jour nous ne le pouvons, c'est entendu : avec les étapes qui nous restent à faire, trois jours perdus ne pourraient se rattraper ; mais un jour et demi, nous le regagnerons coûte que coûte. Demain, c'est la fête de sainte Marie-Madeleine, célèbre dans toute l'Église ; de sainte Marie-Madeleine, patronne de l'Ordre de Saint-Dominique, et patronne plus spéciale de la Province dominicaine de Toulouse, à laquelle appartiennent les missionnaires du Brésil.

Nous ferons donc grande fête dans l'église : trois messes, sermon, procession et bénédiction du Très Saint Sacrement. Pourquoi ne seriez-vous pas l'*Empereur de sainte Marie-Madeleine* comme vous êtes l'Empereur du *Divino? Nul ne l'a été avant vous, nul ne le sera après.* On l'inscrira dans les fastes de Descoberto et on en parlera dans les siècles à venir. »

L'*Imperador* est au comble de la joie. Il ne peut s'empêcher de se jeter à mon cou et m'embrasse en s'écriant :

— Père, c'est entendu, je suis l'*Imperador* de sainte Marie-Madeleine, la fête sera digne de la grande amie de Jésus et *tous les frais sont à ma charge.* Qu'importe qu'il y ait cinq ou dix bœufs de plus ou de moins dans mon troupeau? Je vais commander de les tuer ce soir même. Demain sera un jour saint, nul ne travaillera et tous les habitants de Descoberto s'assiéront aux tables que fera dresser et servir celui qui a le très grand honneur d'être le nouvel Empereur. »

Le peuple, enthousiasmé à l'annonce de cette fête, applaudit et crie :

— Vive sainte Marie-Madeleine !

Les *camaradas* ne sont pas les moins contents. Ils savent par expérience ce que sont ces fêtes du *Divino*, et ils ne s'éloignaient qu'à regret. »

— Père, dit Rosen, vous avez eu une riche idée. Ici on n'oubliera plus sainte Marie-Madeleine, et vous n'y perdrez rien, car les mulets recevront double ration de maïs ; je vais bien les soigner aux frais de l'empereur et nous regagnerons aisément cette journée de repos.

La joyeuse nouvelle se répand comme une traînée de poudre dans le village et des cavaliers vont l'annoncer au loin dans les campagnes, pour que tous puissent prendre part à la fête.

Le lendemain, avant le jour, nous transportons à la sacrisitie notre chapelle de missionnaire. A l'avance nous jouissons de la surprise que vont causer à ces pieux fidèles des ornements comme ils n'en ont jamais vu. Nous prenons, en effet, ce que nous avons de plus beau et en particulier la chasuble gothique, aux formes si décoratives, *brodée or et soie par nos chères sœurs Dominicaines de Dax. C'est tout ce qu'on peut voir, même en France, de plus fin et de plus riche.*

L'autel est magnifiquement illuminé ; l'église est remplie de fidèles.

A six heures sonnant, je quitte la sacristie et fais dans le sanctuaire mon entrée solennelle, mais...

Mais, quand on officie dans ces vieilles bâtisses où le prêtre ne vient qu'une fois l'an, elles sont toujours, comme nous l'avons vu à Léopoldina et à Santa Maria Velha sur l'Araguaya, le repaire de chauves-souris de toute espèce et de toute taille.

La veille nous avions bien dit au sacristain de leur faire la chasse et de les tuer, mais lui, *homme pacifique s'il en fût*, s'était contenté de les expulser des nids se trouvant au-dessus de l'autel. Pour nous préserver de tout fâcheux accident, nous lui avions aussi recommandé de tendre au-dessus de l'autel un drap blanc et rouge en forme de baldaquin. Nous connaissions, en effet, les mœurs de ces vampires et nous craignions pour nos précieux ornements. Pensant donc être efficacement protégés par le baldaquin, nous avançons très solennellement vers l'autel. Hélas ! nous sommes bien vite détrompés de la plus décevante et cruelle façon.

Dès que les cierges sont allumés, les chauves-souris commencent leur sarabande, personne ne s'en étonne ; on y est habitué, cela fait partie intégrante des cérémonies.

Le pacifique sacristain a bien placé les tentures blanches et rouges au-dessus de l'autel, *mais trop en arrière;* une partie de la table d'autel, surtout la place du prêtre, reste à découvert. Nous sommes assaillis par toute une volée infernale, qui, poussant de petits cris aigus, va dans toutes les directions au-dessus de notre tête, nous frôle le visage et laisse tomber sur nous des *projectiles contre lesquels nous restons désarmés.* Notre belle chasuble en portera éternellement les traces ! Impossible de rester à l'autel dans de pareilles conditions. Nous retournons à la sacristie pour tenir conseil et délibérer.

Replacer les tentures de manière à couvrir l'autel, impossible, les échelles ne sont plus là... et puis que dirait l'assemblée qui n'a pas l'air de s'émouvoir pour si peu? Le Père Dominique qui connaît les mœurs de ces chauves-souris géantes nous fait remarquer que c'est surtout au-dessus de l'autel qu'elles volent. Elles y avaient leur nid, on les a dérangées et elles rôdent autour. Vite, nous installons une table beaucoup plus à droite, tout à fait contre le mur, et la messe peut être célébrée sans accident. Dans l'assemblée, personne ne trouve la chose étrange, nul ne fait une réflexion, on pourrait même croire que cela fait partie de la fête.

La fête profane fut digne de l'*Imperador* et de Descoberto, c'est tout dire. Nous apprîmes le lendemain que quatre grands bœufs et deux taureaux, sans compter coqs, poules et autres volatiles par douzaines, avaient été abattus et qu'à minuit il n'en restait plus rien.

Le 23, à cinq heures, nous célébrons la Sainte Messe, et à six heures nos mulets sont sellés, prêts à partir. L'*Imperador* a tenu à venir nous remercier encore une fois. Selon l'usage du *sertão* il tient les rênes et l'étrier au moment où nous montons en selle. Encore une poignée de main, un dernier salut et nous voilà partis, nous séparant à regret du bon *Imperador* et de son peuple.

Vers midi, nous arrivons à un cours d'eau, autrefois célèbre, le Rio do Ouro, *fleuve d'or*. Ce nom lui vient de ce que, dans un passé qui n'est pas trop lointain, il roulait des paillettes d'or. Il en roule encore, paraît-il, mais en moindre quantité. L'eau est limpide et transparente comme celle de nos rivières des Pyrénées, et l'on voit très bien les petits cailloux ronds et le sable qui forment le lit du fleuve. Seulement au lieu d'avoir cette teinte bleuâtre de nos gaves les eaux de ce *rio*, probablement pour faire honneur à leur nom, ont des reflets d'or. Le gravier que nous en tirons ne porte cependant aucune trace du précieux métal. D'où viennent alors ces teintes dorées? Nous l'ignorons.

Le 24, à cinq heures du matin, la Sainte Messe est célébrée sur les bords enchanteurs de ce fleuve aux reflets d'or et, à six heures, nous chevauchons vers la *fazenda* Sainte-Rose, où nous espérons trouver un compatriote des plus distingués et des plus aimables, le docteur Bossu, qui est loin de se douter que deux Français voyagent dans ce désert. Le Père Dominique a beaucoup entendu parler de M. Bossu, mais ne le connaît que de nom et de réputation. Son histoire, comme nous le verrons tout à l'heure, *est loin d'être banale.*

A onze heures, nous sommes dans la cour de sa ferme et, selon l'usage du *sertão*, le Père Dominique lui demande l'autorisation de mettre pied à terre. Dans le désert, en effet, jamais un cavalier, arrivant devant une maison, ne doit descendre de cheval avant d'en avoir demandé et obtenu formellement l'autorisation. Si personne ne répond de l'intérieur de la *casa* ou de la hutte, ce n'est pas un signe certain qu'elle soit inhabitée ; et le cavalier qui, ne recevant pas de réponse, mettrait pied à terre manquerait gravement aux convenances, s'exposerait même à recevoir une balle dans la tête, sans autre avertissement. Ainsi le veulent les lois du *sertão*, et elles ont leur raison d'être.

Comme les habitations sont à plusieurs journées de

marche les unes des autres, il arrive assez souvent que les femmes, les jeunes filles et les enfants restent seuls à la maison et, pour être bien sûr qu'un voyageur n'abusera pas de l'hospitalité reçue, on ne saurait prendre trop de précautions.

A la voix du Père Dominique, le docteur Bossu paraît sur le seuil de sa porte et répond aimablement :

— Oui, vous pouvez mettre pied à terre, vous serez les bienvenus.

A la façon dont cette phrase est prononcée en brésilien, à l'intonation, à l'accent, on devine immédiatement le Parisien. Nous lui parlons alors en français, nous lui disons qui nous sommes, et ses bras s'ouvrent aussitôt pour nous serrer contre son cœur. Dans le désert on fait vite connaissance avec les rares êtres humains qu'on rencontre, quelles que soient d'ailleurs leur origine et leur nationalité. Perdu dans l'immensité de l'espace, exposé à des dangers incessants, l'homme se sent bien petit et bien faible, il comprend qu'il n'est qu'un grain de poussière égaré dans l'infini, qu'un souffle suffit à emporter et il éprouve le besoin de se rapprocher de ses semblables, pour être un peu moins seul, moins faible contre les ennemis qui l'environnent. Aussi qu'on juge de la joie *des fils de France quand ils se rencontrent au loin, parlant la même langue et ayant au cœur les mêmes aspirations, le même amour.*

Pendant que les *camaradas* prennent soin des mulets, M. Bossu nous introduit dans la *casa* dont il a été l'architecte et l'ouvrier. C'est une jolie petite villa, ne ressemblant en rien aux autres *casas* du *sertão*. Sur une nappe bien blanche, on sert aussitôt, avec une cordialité parfaite, une tranche de cerf fumé, des œufs, du lait et des fruits délicieux et, pendant le repas, notre compatriote nous conte son histoire. Nous la résumons ici, car elle peut avoir son utilité instructive, pour les jeunes lecteurs.

Ingénieur de *l'Ecole nationale supérieure des Mines*, M. Bossu fut envoyé en mission au Brésil, pour y étudier les richesses du sol et du sous-sol. Il trouva dans l'Etat de Goyaz, des terrains aurifères qui n'avaient été exploités par les premiers conquérants, qu'à *la surface* et avec des *moyens rudimentaires*. Une de ces mines attire plus particulièrement son attention. Le jeune ingénieur, partant de principes opposés à ceux de l'école allemande, sur la direction des gisements d'or, fait des sondages heureux et, à quelques mètres de la surface, arrive à l'endroit où les filons, d'abord presque horizontaux, se réunissent, formant un noyau plus riche. Il estime que cette mine doit donner un kilogramme d'or par tonne de minerai. Fier de sa découverte, *qu'il se garde bien d'ébruiter*, il achète d'immenses terrains au centre desquels se trouve la mine et repart pour la France rendre compte de sa mission.

Une société franco-belge se fonde pour l'exploitation ; on achète des machines à creuser, à perforer, à broyer, etc., et M. Bossu s'embarque de nouveau pour le Brésil, escomptant un succès colossal. C'était la fortune assurée et *aussi la gloire et les honneurs*. Mais hélas ! il avait compté sans la difficulté des communications, à laquelle nous avons souvent fait allusion. Dans le *sertão*, il n'y a ni chemin de fer, ni route praticable ; on est obligé d'aller à travers champs, franchissant plaines, vallées, montagnes et fleuves comme on peut. Quand les charges sont trop lourdes pour des mulets et qu'elles sont indivisibles, on a recours à des chars primitifs à essieux fixes, grinçant toujours, avançant à pas lents : charme du désert, désespoir du voyageur européen.

On y attelle cinq, dix, vingt paires de bœufs, nous en avons compté jusqu'à vingt-deux paires. Ces bœufs sont attachés, non point à un joug emprisonnant la tête, mais comme les mules landaises, avec des bricoles et une traverse, laissant tête et cornes en toute liberté. Ce système a le grand avantage de ne point rendre les deux bœufs d'un attelage solidaires l'un de l'autre, de leur donner dans les passages difficiles et dangereux toute liberté de mouvements. Rien n'est intéressant, quand on est simple spectateur, comme de voir cette longue file de bœufs, agitant têtes et cornes, tirant l'un à droite, l'autre à gauche, un troisième ne tirant pas du tout, ou même reculant. Les guides crient de toute la force de leurs poumons, haranguant les bœufs *dans un style imagé*, les appelant par leurs noms et, par-dessus le marché, leur distribuant force coups de fouet ou d'aiguillon, pour tâcher d'unifier leurs efforts. Le char avance cahin-caha et fait en moyenne quatre ou cinq kilomètres dans une journée ; mais en ajoutant les jours aux jours, les semaines aux semaines, les mois aux mois, on finit par arriver à destination, à moins qu'on ne rencontre un obstacle infranchissable. Alors c'est, avec l'arrêt forcé et irrémédiable, la perte des marchandises et de tout le travail fait jusqu'à ce jour.

C'est ce qui arriva aux machines à perforer et à broyer du jeune ingénieur.

Avec de la patience et du temps, les machines finirent par arriver sur les bords du Paranahyba. Au seul endroit où le fleuve puisse être traversé, les rives sont escarpées, taillées à pic et reliées entre elles par un pont suspendu tout moderne, au-dessous duquel, à une profondeur qui donne le vertige, les eaux roulent torrentueuses, se brisant contre les rochers avec un fracas de tonnerre. Tous les instruments et accessoires passèrent sur le pont sans difficulté, mais quand on en vint aux grandes chaudières et machines qu'on ne pouvait démonter, la garde du pont opposa un refus péremptoire, à moins que la compagnie franco-belge ne prît par écrit l'engagement formel de réparer le pont à ses frais et de payer des dommages et inté-rêts, dans le cas où un accident viendrait à se produire.

Il fallut en référer à Paris et à Bruxelles, et, en attendant la réponse, les machines restèrent sur les bords du Paranahyba, exposées à toutes les in-tempéries. La réponse fut négative, les machines attendent encore et nous avons pu constater par nous-mêmes, lors de notre premier passage sur ce fameux pont suspendu, qu'elles sont rongées par la rouille et inutilisables.

M. Bossu ne se découragea pas, il acheta d'autres terres attenantes à celles de la fameuse mine, et se fit *fazendero*, en attendant des jours meilleurs. Il élève des vaches et des bœufs et, par sa conversation avec le bon Père Dominique, nous avons pu constater qu'il ne néglige rien pour améliorer l'espèce bovine de cette région. Il a même fait venir des Indes, à grands frais, des taureaux *zébus* dont on dit le plus grand bien. C'est probablement en tant qu'éleveur et avec de bonnes recommandations, que l'ingénieur français a obtenu le titre de docteur ; tout le monde l'appelle le docteur Bossu.

Pendant que l'ingénieur de l'École des Mines et le Père Dominique échangeaient leurs idées sur l'élevage des génisses et des taureaux *zébus*, nous laissions errer au loin notre pensée et nous voyions déjà notre *chère France* dépenser quelques centaines de millions pour créer des routes, construire des chemins de fer, faire sauter les rochers gênant la navigation fluviale et faire bientôt de ces déserts sans limites le pays le plus riche et le plus civilisé du monde. Dieu et l'Église y trouveraient aussi leur compte, et c'est ce qui nous intéressait davantage. Le missionnaire ne sépare jamais la gloire de Dieu et le salut des âmes *de l'amour de la Patrie*.

A trois heures, nous nous séparons à regret d'un si aimable compatriote, et à six heures nous suspendons nos hamacs aux *buritys* d'un *brejo*, où les mulets trouveront de l'eau et du *capim* en abondance, les missionnaires le calme, le repos et un abri contre la rosée de la nuit.

CHAPITRE X

FÊTE DE SAINT JACQUES, APÔTRE. — HALTE. — UN
SERPENT A SONNETTES VIENT NOUS RENDRE VISITE.
— SON AUDACE ET SON CHATIMENT. — DÉTAILS SUR
LES SERPENTS VENIMEUX DU BRÉSIL. — UNE VISITE
INSTRUCTIVE A L'INSTITUT DES SERPENTS DE BU-
TANTAN. — CAMPEMENT PEU ENVIABLE. — VAM-
PIRES BUVEURS DE SANG HUMAIN. — PASSAGE DU
RIO « DAS ALMAS ».

Le 25 juillet, fête de saint Jacques, la messe est
célébrée de bon matin, car l'étape à fournir est longue
et la journée s'annonce rude.

A six heures nous sommes déjà à cheval, car nous
n'avons pas une minute à perdre, si nous voulons
regagner le temps passé à Descoberto.

A onze heures, nous trouvons un petit cours d'eau
et nous en profitons pour faire halte. Le terrain est
humide et couvert de broussailles ; il n'est point facile
d'y installer même un camp volant ; mais les missionnaires ne sont pas difficiles et ils sont ingénieux
à trouver des solutions rapides et pratiques. Les
mulets sont vite dessanglés et les selles nous servent
de siège.

Le soleil de midi darde perpendiculairement sur
nos têtes ses rayons les plus brûlants et nous avons

aussi à nous défendre contre des nuées de moustiques qui infestent ces parages.

Le repas terminé, chacun de nous, pour gagner du temps, s'occupe de sa monture. Quelle n'est pas ma stupéfaction quand, prenant à deux mains ma selle, sur laquelle j'étais tranquillement assis, je vois *un gros serpent*, qui, furieux d'avir été découvert et dérangé, se dresse devant moi, lançant un sifflement sinistre et faisant entendre le bruit particulier *du serpent à sonnettes!* Je lâche la selle et me recule vivement en jetant un cri d'effroi. J'étais perdu, si le Père Dominique, plus aguerri que moi, n'avait, de deux coups de *façâo*, fait trois tronçons de l'horrible crotale. Les anneaux sonores de la queue, qui imitent le bruit d'une sonnette fêlée, furent enlevés et mis en boîte pour le musée du Collège Angélique à Rome.

De tous les pays du monde, le Brésil est un de ceux où les serpents sont le plus nombreux et le plus répandus. On y compte, nous a affirmé un savant docteur, jusqu'à cent soixante dix-huit espèces. Il a donc fallu que l'homme s'ingéniât à trouver un remède efficace contre la morsure d'aussi nombreux et dangereux ennemis. Cet antidote c'est le serpent lui-même qui va le donner. Nos explications intéresseront les lecteurs et surtout les futurs missionnaires.

Un Français, le docteur Calmette, établit le premier, il y a une trentaine d'années, la méthode rationnelle de préparation du sérum anti-venimeux ou anti-ophidien. Les savants brésiliens et, en particulier, le docteur Vital Brazil opérèrent sur une beaucoup plus vaste échelle, multiplièrent les expériences et arrivèrent vite à de merveilleux résultats. Aujourd'hui l'État de *São Paulo* a créé, près de la capitale, l'Institut sérothérapique anti-ophidien de Butantan, qui fait le plus grand honneur à la science française qui donna le principe et à la science brésilienne qui l'appliqua et le développa de manière à faire de cet *Institut des serpents* une des merveilles les plus originales du Brésil.

Nous devons à l'amabilité du directeur de Butantan, le docteur Vital Brazil, d'avoir pu visiter ce célèbre établissement et d'avoir même assisté à certaines expériences des plus curieuses.

Voici, d'abord, les cellules des serpents prisonniers : deux murs, d'un peu plus d'un mètre de hauteur, bâtis parallèlement l'un à l'autre et reliés à intervalles égaux par des cloisons en briques, formant des cachots de 70 à 80 centimètres de côté, fermés par le haut d'un solide couvercle en bois. Sur chacun de ces compartiments, se trouve une plaque indiquant soigneusement le contenu.

Sur un signe du docteur Vital Brazil, qui nous fait les honneurs de l'Institut avec une amabilité et une grâce parfaites, un des serviteurs soulève le couvercle d'un cachot ne renfermant que des espèces non venimeuses. Nous apercevons tout au fond de la prison des serpents enroulés bizarrement les uns sur les autres, remuant en un long glissement leurs anneaux sur lesquels la lumière dessine les plus harmonieuses figures géométriques en reflets jaunes, rouges et verts. Avec un fort bâton terminé par deux crochets en fer, l'homme extrait du cachot quelques prisonniers et les laisse en liberté sur le sable fin des allées. Les uns cherchent simplement à fuir ; d'autres, d'espèce plus agressive, s'enroulent aussitôt en un cercle d'où la tête se dresse furieuse, s'élancent en dardant leur langue sibilante et enfoncent, dans le cuir des bottes du gardien, leurs terribles crocs. On a beau nous dire que ces sujets ne sont pas venimeux, nous ne sommes pas autrement rassurés et nous reculons à une distance respectueuse. Le docteur et son aide sont plus courageux et ils jouent avec ces ophidiens, dont plusieurs ont plus de quatre mètres, comme un enfant joue avec un petit poussin ou un jeune chien.

Nous arrivons aux serpents venimeux et ici, sans toutefois s'émouvoir, on s'y prend d'une autre manière.

On soulève le couvercle et, avec un fil de cuivre formant nœud coulant au bout d'un manche de fouet, on saisit habilement, par la tête, un énorme serpent à sonnettes. Aussitôt le mécanisme de l'instrument fonctionne et le crotale se trouve pris par le cou. Fou de colère, il se débat, fait entendre de terribles sifflements, montre ses crocs, dont la moindre atteinte est mortelle ; mais ni le docteur, ni son aide, n'ont l'air de s'en troubler. De sa main gauche, l'aide soutient le corps du serpent et l'empêche de s'enrouler, pendant que, de sa droite, il le tient par le cou, tout près de la tête, qu'il présente au docteur. Celui-ci introduit dans la gueule du serpent une petite soucoupe en cristal ; le crotale mord vivement et déverse le poison mortel de sa glande. L'opération est terminée et le serpent est réintégré dans sa cage. Le venin recueilli, après avoir subi diverses préparations, sera inoculé à différents animaux et servira à la préparation d'un sérum.

On avait cru d'abord que le poison provenant d'un serpent venimeux guérissait indistinctement les morsures de tous les autres. Hélas ! il n'en est rien. Les expériences les plus savantes et les plus concluantes ont été faites à l'Institut Butantan ; il en résulte que le sérum n'a de vertu efficace que contre les morsures de la même espèce. Le sérum du *crotalus terrificus* (serpent à sonnettes) n'a point d'action contre le venin du *lachesis atrox (jararacuçu)* et vice versa.

Toutes ces manipulations sont terriblement dangereuses. Pour en donner une idée, il suffira de dire qu'en moyenne, la morsure d'un serpent à sonnettes laisse sur la soucoupe 33 *milligrammes de venin sec*, jararacuçu 330 *milligrammes*. Or, on ne peut, sans danger, en injecter à un cheval ou un mulet que 5 *centièmes de milligramme ;* un dixième de milligramme pourrait occasionner des accidents mortels. Il est donc facile de se rendre compte que les opérateurs risquent leur vie à la moindre distraction, au moindre faux mouvement ; et, cependant, confiants dans leur habitude et leur adresse, le docteur et son aide ont pris ce crotale et lui ont enlevé le venin sans plus d'émotion que n'en a la ménagère qui enlève la pépie à une poule malade.

Après cette expérience, le docteur Vital Brazil nous fait visiter le « serpentaire » que nous pourrions appeler l'île ou le palais des serpents. C'est ici qu'ils vivent heureux et tranquilles, choyés comme des enfants, en attendant qu'on les utilise pour les expériences scientifiques.

Quatre murs d'une blancheur de neige entourent

un grand jardin où les serpents prennent leurs ébats. On y voit de grands arbres de différentes essences, de vertes pelouses et des arbustes toujours en fleurs. Un jet d'eau alimente le ruisseau qui coule à l'intérieur le long des murs, ruisseau à la fois décoratif et utile, car il est destiné à empêcher les grands reptiles d'avoir un point d'appui solide leur permettant d'escalader les parois de clôture. L'île est agrémentée de jolies petites constructions orientales à l'usage des hôtes les plus distingués ou les plus délicats. C'est un véritable jardin de délices.

C'est là que toutes les espèces de serpents du Brésil coulent des jours heureux. Au moment où nous visitons cet enclos sans y entrer pourtant, nous contentant de l'admirer à distance respectueuse, certains de ses habitants, repus, dorment tranquillement étendus, ou plutôt roulés, au grand soleil; d'autres se dissimulent dans le feuillage des arbres et se confondent avec la branche qui les supporte; d'autres enfin, ayant enroulé leur queue à une branche formant potence, se balancent comme des enfants au trapèze et l'amplitude de leurs oscillations les rapproche sensiblement des murs d'enceinte. Nous nous demandons ce qui arriverait s'il leur prenait fantaisie de s'élancer ainsi par-dessus la muraille.

— Ne craignez rien, nous dit le bon docteur, les mesures sont bien prises; les spectateurs et les passants n'ont rien à craindre. Ces ennemis de l'homme jouissent, comme vous voyez, d'une liberté relative. On a même pour eux de délicates attentions; mais ils sont mis dans l'impossibilité de nuire. En rentrant dans ce jardin, ils ont laissé à la porte toute espérance

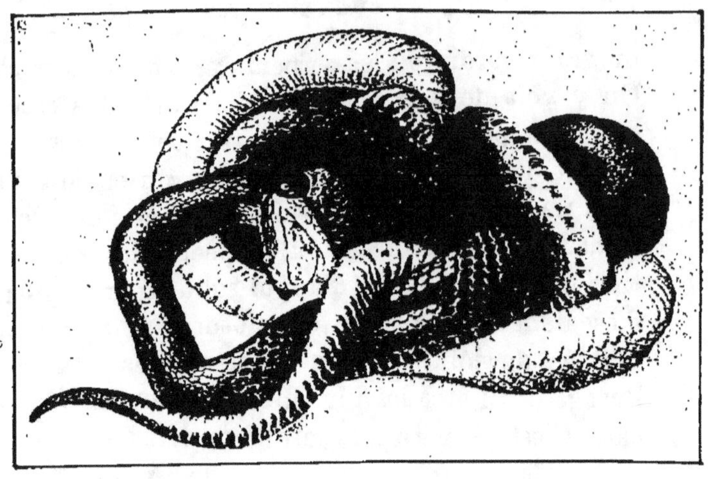

MUSSURANA, SERPENT INOFFENSIF, TUANT UNE JARARACA,
SERPENT DES PLUS VENIMEUX ET DES PLUS TERRIBLES

MUSSURANA AVALANT LA JARARACA QU'ELLE VIENT DE TUER

EMPLOYÉ DE L'INSTITUT BUTANTAN
TENANT UN SERPENT JARARACA

de recouvrer la liberté et ils en ont pris leur parti. Voyez comme les uns font consciencieusement leur sieste en digérant la proie qu'ils viennent d'avaler, et comme les autres se balancent et prennent de joyeux ébats.

Pendant que l'éminent directeur nous parlait, une idée nous vint, idée excellente, devant contribuer grandement au bonheur de la Société et faire revivre les jours de l'âge d'or sur la terre ; mais dont la réalisation !... Tous les serpents venimeux ne sont pas dans les forêts du Brésil, il y a des serpents bipèdes qui se promènent en toute liberté dans nos grandes villes d'Europe, et dont le venin est bien plus dangereux que celui des serpents à sonnettes. Leur langue et leur plume causent les plus grands maux. Ne pourrait-on créer un grand et superbe jardin avec des murs bien hauts, des arbres magnifiques, de fraîches pelouses, des fleurs ravissantes, pour y enfermer à jamais ces serpents qui donnent la mort à l'âme?

L'État de Saint-Paul, en créant le jardin des serpents, s'est couvert de gloire et est devenu le bienfaiteur du Brésil. L'État de l'Europe qui créerait ce nouveau jardin, deviendrait plus célèbre encore et serait le plus grand bienfaiteur de l'humanité.

Dans cette visite aussi intéressante qu'instructive, l'aimable directeur de l'Institut a réservé pour la fin une expérience des plus curieuses. Non loin de petites cellules renfermant provisoirement les serpents à poison violent, se trouve une cage dans laquelle, à travers une porte vitrée, on peut apercevoir de beaux serpents d'un gris noir, aux formes tout à la fois robustes, souples et élégantes. Du premier coup d'œil on les distingue du reste de leurs congénères. Ce sont des *massuranas*, nous dit le docteur Brazil ; elles sont un grand bienfait de la Providence et nous voudrions bien voir leur espèce se multiplier et se propager dans tout le Brésil. Ce serait le plus sûr et le plus rapide moyen de débarrasser notre beau pays des serpents dangereux.

Ce superbe reptile, inoffensif pour l'homme, est réfractaire à l'action des plus violents poisons. Le venin si subtil et si terrible du *Crotalus terrificus* (serpent à sonnettes) ou du *Lachesis atrox* (jararacuçu) n'a aucun effet sur lui. Il possède une force et une adresse qui n'ont d'égales que son courage et sa haine féroce contre tous ses congénères. Il n'est vraiment heureux que quand il peut en saisir un, le serrer de ses puissants anneaux et l'avaler.

— Tenez, ajoute le distingué directeur, avec son amabilité coutumière, vous allez en juger vous-même.

Ouvrant la porte de la cage, il prend, sans précaution aucune, une mussurana de taille moyenne et la dépose sur l'herbe verdoyante, où elle reste près de nous en minaudant ; on la dirait apprivoisée et cherchant la caresse du maître.

Un aide de l'Institut qui nous accompagne la prend par le milieu du corps et la soulève assez haut pour que ni la tête ni la queue ne touchent la terre. Il veut me la passer, pour que je la tienne de mes propres mains. Dois-je l'avouer ?... Malgré toutes les affirmations du docteur, malgré la grâce et la douceur apparente de l'animal, j'éprouve une répulsion pour ce gros reptile qui, ainsi suspendu, commence à ne pas se sentir à l'aise, s'agite et, relevant la tête, montre

sa langue bipartite, faisant entendre un léger sifflement qu'il s'efforce sans doute de rendre gracieux,
mais qui ne me dit rien qui vaille. Instinctivement je
recule ; mais la raison dominant bientôt le sentiment
et désirant aussi faire une expérience personnelle et
pouvoir affirmer que j'ai tenu moi-même ce grand
serpent dans mes mains, je le prends hardiment de
ma droite, et le tenant à bout de bras, je lui fais de
ma gauche une légère caresse comme à un petit chat.

Sensible probablement à cette attention et voulant rendre caresse pour caresse, la mussurana relève
la tête et l'approche de ma longue barbe, faisant
vibrer sa langue, et qui sait ce qu'elle pense? Qui
sait ce qu'elle se propose de faire? Un doux baiser
ou une cruelle morsure?... Sans le lui demander, je
m'empresse de la rendre à l'aide qui, à son tour, la
dépose sur l'herbe. Se trouvant de nouveau dans son
élément, la mussurana met de la coquetterie à étaler
son corps si souple et à former de gracieuses volutes.
Elle a conscience de sa noblesse, de sa force et de
l'œuvre humanitaire pour laquelle Dieu l'a créée et
mise au monde. Hier encore elle était inconnue d'un
grand nombre, crainte et méprisée par ceux qui, la
connaissant, la confondaient dans la réprobation
universelle qu'inspirent les serpents. Aujourd'hui,
grâce à l'Institut Butantan, elle est l'amie et l'auxi-
liaire de l'homme pour une œuvre de bienfaisance
publique ; demain, plus connue, elle sera la gloire de
cet Institut unique au monde, la gloire de son directeur et de ses aides qui, les premiers, ont su recon-
naître ses services.

Sur un signe du directeur, son aide extrait avec

précaution de son repaire un serpent des plus venimeux, une *Lachesis atrox*, vulgairement appelée *Jararaca* ou Jararacuçu. Le venin de la Jararaca ou Jararacuçu, a des effets aussi violents que celui du *Crotalus terrificus*, serpent à sonnettes, mais la Jararaca
elle-même est plus forte et plus agressive que le serpent à sonnettes.

Les deux serpents, mussurana et jararaca, s'étant
aperçus ou devinés, le combat, un combat à mort est
inévitable. Peu de temps après l'importation de la
mussurana à l'Institut Butantan, l'éminent profes-
seur Bertarelli, ayant assisté à ce duel, en publia la
description brillante et poétique, répondant cependant à la réalité, dans le journal : *O Estado de São
Paulo*. Son article fit sensation ; on me permettra,
je n'ose dire de le traduire littéralement et en entier,
mais d'en donner une traduction libre, répondant à
ce que j'ai vu moi-même.

Mussurana et jararaca, ce sont deux héros d'Ho-
mère, qui vont s'affronter dans une lutte terrible,
lutte à mort, qui aura ceci de particulier : le vaincu
sera la proie du vainqueur et lui servira de festin.

Les deux serpents s'étant aperçus, relèvent la
tête et se rapprochent par de larges spirales, sans
hâte, sans précipitation, on les dirait soucieux de
mettre de la grâce, de l'élégance, dans leurs feintes
habiles et dans chacun de leurs mouvements.

L'une, la mussurana, consciente de sa force, de
son agilité, de son adresse qui, jusqu'à cette heure,
lui ont donné la victoire, immunisée contre les poisons
les plus violents, s'imagine n'avoir rien à redouter.

L'autre, la Jararaca, *Lachesis atrox*, à peu près

d'égale grandeur, connaît par expérience la puissance de son venin auquel rien ne résiste ; quelques gouttes de ce poison lui ont toujours suffi pour paralyser les adversaires les plus terribles.

Les voici rapprochées l'une de l'autre : la mussurana rapide comme l'éclair, s'élance sur la jararaca, qu'elle prend à pleine bouche au milieu du corps et la serre avec ses dents comme dans un étau ; désormais, l'adversaire ne pourra plus lui échapper. Elle avait bien visé à prendre plus près de la tête, mais malgré la rapidité de l'attaque qui a été foudroyante, la jararaca, par une habile manœuvre non moins rapide que l'attaque, a paré le coup et, libre de ses mouvements, elle enfonce à son tour ses deux grosses dents porteuses d'un poison mortel, dans le corps de son ennemi, et sûre du résultat, elle attend. Une expérience séculaire a, par atavisme, fixé dans les lobes de son cerveau, l'histoire de tant de victoires obtenues par le moindre effort. Elle se rappelle les luttes contre les animaux les plus terribles des déserts et des forêts, paralysés, foudroyés en quelques instants par son venin. Ayant mordu la mussurana assez près de la tête, elle la regarde déjà d'un œil vainqueur et attend la paralysie et la mort de l'adversaire, qui ne peuvent tarder.

Cependant, sans se soucier de cette morsure et de ce venin impuissants sur elle, la mussurana, qui à son tour est entrée en fureur, continue à envelopper de ses replis le corps de la jararaca, essayant de l'immobiliser en la serrant dans ses nœuds d'acier.

La jararaca, étonnée, impatiente, mord de nouveau rapidement une seconde et une troisième fois son ennemi, enfonçant ses crocs près de la tête, inoculant ainsi au bon endroit toute sa réserve de poison. Cette fois, pense-t-elle, c'est bien fini, la paralysie et la mort ne peuvent tarder.

Mais quoi... les étreintes qui la serrent à l'étouffer, loin de diminuer, ne font que croître, et tout à l'heure c'est elle qui ne pourra plus faire un mouvement et sera à la merci de son ennemi. A cette pensée, elle s'épouvante... Eh quoi ! elles étaient donc fausses les prouesses de ses ancêtres ; elles étaient donc fausses les promesses qu'ils lui avaient faites pendant les longues heures de sieste au soleil des tropiques... La force de ce venin, roi du monde, était donc une illusion?... Pourquoi son adversaire, trois fois blessé, ayant reçu toute la décharge et réserve du venin, n'est-il pas encore paralysé? Pourquoi se sent-elle serrée de plus en plus dans les spirales puissantes de son ennemi. La jararaca veut mordre encore une fois, hélas ! elle s'aperçoit qu'elle ne le peut plus, elle sent que la tête de la mussurana s'est rapprochée de la sienne pour la broyer bientôt entre ses dents et l'avaler ensuite ; elle essaie de se détourner, de fuir le baiser mortel de l'adversaire, mais c'est en vain, la confiance et les forces l'abandonnent, elle ne peut plus rien.

La mussurana, s'étant assez rapprochée, ouvre démesurément ses terribles mâchoires et saisissant la tête de la jararaca, la broie avec un bruit sinistre, et alors lentement, posément, commence à avaler son ennemi vaincu.

La déglutition sera longue, la digestion plus longue encore, mais étendue au soleil sur l'herbe fraîche, la mussurana victorieuse trouvera les heures courtes. Heureuse et tanquille, elle s'endormira en paix ; n'a-t-elle point accompli une bonne œuvre, n'a-t-elle point débarrassé la terre d'un monstre et délivré l'homme d'un de ses plus perfides et terribles ennemis ?

Avant de prendre congé du savant et aimable directeur de l'Institut des serpents, la Providence allait me fournir l'occasion de recevoir une importante « leçon de choses », que je n'hésite pas à reproduire ici pour la plus grande utilité des lecteurs, qui apprendront ainsi à discerner facilement, et *sans crainte* d'erreur, la blessure faite par un serpent venimeux de la blessure faite par un serpent inoffensif.

Dans le vestibule de l'élégant pavillon où m'introduit le directeur, nous trouvons étendu sur un banc un enfant d'une douzaine d'années, qui vient d'être mordu par un serpent et que son père a aussitôt amené à l'Institut pour une injection de sérum.

— Maître, dit un des principaux employés qui a déjà examiné le blessé, vous arrivez à point, car voici un cas douteux et qui peut être grave. L'enfant n'ayant ni bas ni chaussures, le venin a pu pénétrer directement dans la plaie ; or, à une première inspection, la blessure paraît assez profonde. »

Le docteur, silencieux et sans s'émouvoir, — il en a vu bien d'autres, — se penche, examine attentivement la blessure qui se trouve un peu au-dessus de la cheville, et dit aux aides : « Nettoyez bien la jambe et la plaie avec de l'eau oxygénée et du coton. » Il est évident, en effet, que l'enfant n'a point pris un bain de pieds la veille, et la poussière, la sueur, ont formé comme une légère carapace qui empêche de bien distinguer la peau et la blessure. Les aides s'arrêtent bientôt, mais le docteur non satisfait prend lui-même un tampon de coton et frotte vigoureusement ; enfin, la peau et la blessure apparaissent très distinctement, aucune erreur n'est plus possible. Le docteur, se relevant, dit en souriant au père : « Allez, prenez votre enfant, point n'est besoin d'injection, le serpent n'était point venimeux. — Mais, objecte le père. — Oh ! reprend doucement le docteur, il n'y a pas de mais ou de doute possible, je suis absolument sûr de ce que je dis. Tenez, ajouta-t-il en s'adressant à moi, regardez de plus près, que voyez-vous ? » Après avoir bien regardé de très près, je me relève et réponds : « Je vois une dizaine environ de petits trous ou égratignures de la peau. — Vous avez bien vu, reprend le maître, et cela prouve incontestablement que le serpent n'était pas venimeux. L'homme le plus ignorant, comme le plus savant, peut le conclure sans avoir peur de se tromper, il suffit d'avoir des yeux pour voir. »

— En effet, continue le docteur, s'adressant à nous tous, les serpents venimeux, tous les serpents venimeux, sans exception, et eux seuls, ont à l'avant de la mâchoire supérieure *deux crocs* beaucoup *plus grands* et *plus gros* que les dents ordinaires. Ce sont ces deux crocs qui, ayant un canal à leur intérieur, communiquent avec la glande du venin et versent le poison dans la blessure qu'ils font. Dans toute blessure faite par un serpent venimeux, on voit très nettement, sans erreur ou hésitation possible, *deux trous ronds* beaucoup plus grands que la trace des autres dents, comme l'indique le schema ci-joint (et la photo de la tête d'un serpent page ...)

De l'absence de ces deux trous, on peut, on doit infailliblement conclure que le serpent n'était pas venimeux. « Va, mon petit, dit-il en caressant l'enfant, va, sois sans crainte, tu n'as rien » ; et l'enfant qui, tout à l'heure, terrassé par la peur, n'osait faire un mouvement, se lève et suit son père en gambadant, se retournant de temps en temps pour saluer et remercier le directeur.

Enhardi par l'affabilité du maître, je me hasarde à lui demander ce qu'il pense du remède généralement employé par nos missionnaires du sertão, contre les piqûres des serpents les plus venimeux, comme le serpent à sonnettes ou le jararacuçu (*Lachesis atrox*). Ce remède consiste à donner au blessé quinze gouttes d'alcali volatil dans un quart de verre d'eau naturelle. Si le malade ne vomit point, on lui administre une demi-heure après une seconde potion, et ainsi de suite, jusqu'à ce que le blessé, s'il ne meurt pas, vomisse un sang décomposé par le venin, noir comme l'encre, mêlé à d'autres matières. Le vomissement, c'est le salut. Le bon docteur sourit, mais on voit bien qu'il reste sceptique.

J'insiste, disant, non sans une certaine animation toute méridionale qui n'est point déplacée au Brésil, pays du soleil et de l'enthousiasme. Cette expérience, la voici : Avant de quitter Goyaz pour me rendre à dos de mulet à Santa Leopoldina et de là à Conceiçâo do Araguaya en descendant cet incomparable fleuve, j'avais reçu du bon Père Emmanuel, grand guérisseur, connu dans toute la région par ses cures merveilleuses, j'avais reçu, dis-je, deux petits flacons d'alcali volatil, avec des instructions utiles. Or, la veille de notre arrivée à Leopoldina, nous arrivons de bonne heure à la jolie ferme d'Innocencio à la Cabeceira dio Pindahyba.

Là, nous voyons un homme, jeune encore et taillé en athlète, étendu à l'ombre d'un superbe manguier, gémissant et paraissant souffrir beaucoup. C'est un pilote de l'Araguaya se rendant à Goyaz, et qui, nous dit-il, a été mordu pendant la nuit par un gros serpent sûrement venimeux, car il souffre atrocement ; piqué un peu au-dessus de la cheville, sa jambe est déjà paralysée et sa vue commence à se troubler. Vite, le Père Cazabant, supérieur de Goyaz, et le Père Palha, se rendant avec moi à Conceiçâo do Araguaya, lui administrent le remède du Père Emmanuel et nous l'encourageons de notre mieux. Les douleurs continuant, et les vomissements ne venant point, le bon Père Palha lui administre une seconde potion, et enfin une troisième avant de prendre un peu de repos dans nos hamacs. Cependant, comme la paralysie paraît augmenter et que tout, même la mort, peut arriver pendant notre sommeil, le Père Cazabant confesse le blessé. Le lendemain, nous nous levons bien avant le jour pour la célébration de la Messe, et quelle n'est pas notre surprise, Vicente le pilote de l'Araguaya, se lève, assiste à la messe, prend ensuite le café avec nous et marche sans éprouver aucune douleur ; il nous raconte que vers les dix heures du soir, il a eu un vomissement et qu'il s'est ensuite endormi jusqu'au matin. L'alcali volatil avait produit son effet, le blessé était guéri. Cela, docteur, je l'ai vu de mes yeux, nous avons été trois Pères et deux *camaradas*, toute la famille d'Innocencio, à constater le fait, et vous connaissez l'adage d'Aristote et de saint Thomas : *Contra factum, non valet principium*. Contre un fait bien prouvé, un principe ne saurait prévaloir. Nous croyons l'argument sans réplique. Mais le savant directeur, sans se troubler le moins du monde, nous répond : « Etes-vous bien sûr de la constatation du fait. — Oh ! parfaitement sûr, la piqûre était d'un serpent venimeux, la paralysie de la jambe, le trouble de la vue, les souffrances atroces le crient bien haut ; la guérison est non moins certaine, nous avons été plusieurs à la constater. — Oui, reprend le docteur, la guérison est certaine, votre constatation est exacte ; la piqûre a été faite par un serpent venimeux, les troubles du malade le prouvent incontestablement. Mais ce qui est moins prouvé ou même ne l'est point du tout, c'est la quantité de venin versé dans la plaie. »

Quand un serpent venimeux, crotale ou lachesis, pique un animal de forte taille, il fait un grand effort et la glande venimeuse se vide presque totalement ; si, peu de temps après, le même serpent pique une seconde victime, la glande se vide en entier et il faudra au crotale de huit à quinze jours pour la remplir de nouveau. Ce fait est incontestable, comme le prouvent toutes nos expériences ; si, dans l'intervalle, le serpent mord une nouvelle victime, on voit bien la trace des crocs, mais peu ou point de venin a été inoculé, la glande étant vide ou à peu près, et c'est dans ces cas que les remèdes dont vous parlez réussissent. Mais en réalité, la guérison est due, non à ce remède, mais à la faible quantité de poison inoculé dans la plaie. Quand la glande est bien chargée, ou même simplement à demi ou au quart, il n'y a qu'un seul remède efficace : le sérum, et encore faut-il bien le choisir en adaptation avec l'espèce de serpent qui a piqué : Crotale ou Lachesis. »

Il n'y avait rien à répondre ; la science venait de dire le dernier mot sur la question. Je remerciai le savant directeur de l'Institut des serpents, et lui promis de ne point oublier les savantes et précieuses leçons qu'il avait bien voulu nous donner et les expériences intéressantes auxquelles il nous avait si gracieusement permis d'assister.

Nous nous reprocherions de ne point citer, en terminant, un fait qui nous a été affirmé par tous nos religieux : jamais un missionnaire n'a été piqué par un serpent venimeux. Cette préservation est attribuée à un apôtre brésilien, mort en odeur de sainteté : le Père Anchieta de la Société de Jésus. Il ne peut y avoir l'ombre d'un doute, il faut voir là une protection miraculeuse.

Le soir, nous faisons halte près d'une *lagoa*, où poussent quelques palmiers au tronc rugueux, qui nous paraissent un peu rabougris et indignes du Brésil.

Après le *Salve Regina*, nous regagnons nos hamacs. J'ai la désagréable surprise de voir un horrible animal ressemblant à une araignée géante et qui cependant par les proportions et la structure de son corps ne paraît pas appartenir à cette espèce. Il se tient sur le tronc de l'arbre tout près de ma couchette aérienne. N'ayant sous la main aucune arme, j'appelle Rosen, qui accourt avec le Père Dominique et déclare que c'est bien une araignée des bois, surnommée *écrevisse* et dont la morsure venimeuse peut déterminer les plus dangereux accidents.

— Mais ne craignez rien ; ce n'est pas celle-là qui vous fera du mal.

D'un coup de *facão*, il la partage par le milieu. Les deux tronçons tombent par terre avec un bruit mat qui témoigne de leur pesanteur. La partie où est la tête s'agite encore. Rosen lui assène un second coup de son *facão*, qu'il essuie ensuite tranquillement sur le cuir de ses bottes, et ce sera toute la stérilisation de cet instrument qui sert à la fois d'arme de combat, de couteau de *cuisine*, et d'instrument *chirurgical*, sans que pour cela il nous soit jamais arrivé d'accident fâcheux. Dieu veille sur ses missionnaires.

Cette araignée monstrueuse, aux pinces redoutables comme celles de l'écrevisse et en plus venimeuses comme les crocs du serpent, pourrait bien ne pas être la seule sur l'arbre. Qui sait si elle n'y a point son nid, et si ses congénères ne voudront point venger sa mort sur le paisible dormeur? Mais que faire? Aucune bonne précaution ne peut être prise. Il n'y a, comme d'habitude, qu'à se confier à Dieu et à s'endormir sous les regards et la protection de Marie Immaculée.

Rien ne vint troubler le repos et la tranquillité de la nuit et le 26 juillet nous partons de grand matin pour une de nos plus longues étapes.

Le soir nous arrivons tard à une *capoeira* ou ferme abandonnée.

Après le repas et la prière du soir, nous nous intallons tranquillement dans nos hamacs. Il est huit heures, la nuit est déjà venue depuis longtemps et tout respire le calme et la paix dans cette immense et profonde solitude.

Nous allions nous endormir quand nous entendons Rosen se lever, s'approcher de notre hamac et nous dire :

— Père, ces masures où nous sommes installés sont hantées par des vampires et nous avons à prendre des précautions si nous ne voulons pas être saignés à blanc.

Nous devinons plutôt que nous ne voyons de grandes chauves-souris, dont le vol velouté rase l'extrémité supérieure des hamacs.

— Ce sont, dit Rosen, des chauves-souris de l'espèce géante, et elles sucent pendant leur sommeil le sang des hommes et des animaux. Il faut nous garer avant de nous endormir.

— Nous garer ! c'est vite dit, mon bon Rosen ; mais comment ?

— Ne laissez à découvert aucune partie du corps, ni pieds, ni mains, ni figure ; car les vampires s'approcheraient sans bruit et saigneraient l'imprudent dormeur. Faites comme nous ; enveloppez-vous soigneusement dans la couverture de laine des pieds à la tête et ne bougez plus.

Rosen, avec la délicatesse d'une mère, arrange mon couvre-lit en moustiquaire, au-dessus du hamac, de telle sorte que les vampires ne puissent approcher de ma tête, ni de mes mains ; quant aux jambes, les grandes et solides bottes avec lesquelles je vais coucher les préserveront de toute atteinte.

Rassurés, nous nous endormons en nous confiant

à Marie Immaculée, et rien de fâcheux ne nous arriva. Il n'en fut pas de même de nos mulets, dont l'un fut si cruellement saigné qu'il ne put porter la charge de deux jours.

Le matin pendant que nous prenons le café, Rosèn nous explique comment s'y prennent ces horribles démons pour sucer le sang de leurs victimes sans qu'elles s'en aperçoivent. C'est bien simple : ils commencent par anasthésier la place qu'ils ont choisie pour leur opération. Un chirurgien de Faculté n'opérerait pas autrement. Leur souffle empoisonné remplace le chlorure d'éthyle. Quand le membre est insensible, ils piquent au bon endroit avec leurs dents, fines comme des pointes d'aiguilles. Le sang coule de la veine ainsi ouverte, et les chauve-souris le sucent avidement. Quand elles sont repues, l'hémorragie continue, quelquefois en si grande abondance qu'on a vu de grands bœufs et de puissants taureaux expirer après avoir été ainsi mordus deux ou trois nuits consécutives. Contre ces vampires il n'y a pas d'autre moyen de préservation que celui dont nous avons usé ; comme on ne peut l'employer pour les animaux, les fermiers n'ont qu'à abandonner les lieux ainsi hantés et à pousser leurs troupeaux vers des parages plus hospitaliers.

Pendant que Rosen achève ce cours d'histoire naturelle sur les vampires, Eliziario revient avec les mulets dont l'un a été *sucé* pendant la nuit. Il paraît assez faible et de deux jours il ne portera aucune charge.

Estrella est vite sellée et avant le signal du départ, je m'approche d'un arbre, dont les branches desséchées m'intriguent, je ne tarde pas à voir que cet arbre est le repaire de chauves-souris dont les unes, formant des grappes hideuses, se tiennent dans le fond évidé et à moitié pourri, les autres à la naissance des branches. En voici une des plus grandes accrochées par les pattes de derrière à une branche formant potence et ayant l'air de se balancer à la fraîche brise du matin. Le soleil a déjà paru à l'horizon, il n'y a donc pas danger que la dormeuse se réveille et s'envole. Ce sera une bonne cible et elle payera pour toutes les autres. Je glisse dans les canons du fusil deux cartouches à chevrotines et à vingt-cinq pas je fais feu. Quelle n'est pas ma surprise quand je vois le vampire, au lieu de tomber, continuer à se balancer tranquillement, ayant l'air de me narguer et de railler ma maladresse.

Rosen sourit et parle tout bas à Elysiario ; je pense que lui aussi se rit du novice chasseur. Je suis cependant certain d'avoir bien visé et de n'avoir point manqué à si petite distance une cible comme cette chauve-souris géante. Que s'est-il donc passé? La cartouche était-elle chargée à blanc? Ce n'est guère probable, car au désert on ne s'amuse pas ainsi. On ne sait jamais quel est l'animal qu'on aura à tirer.

Cependant la preuve évidente, palpable de la maladresse est là, sous nos yeux, *le vampire n'est pas tombé*.

Ne voulant point en rester sur cet échec je mets un genou à terre, j'épaule et cette fois, la chauve-souris est bien au bout du canon du fusil. Le coup part et la fumée dissipée... je vois encore le vampire s'obstiner à ne pas *tomber et à se balancer tranquillement.*

— Mais qu'est donc ce vampire, dis-je à Rosen?

A-t-il un fluide écartant le plomb? Car enfin je suis sûr, ce qu'on appelle sûr d'avoir bien visé.

— Oui, Padre, dit Rosen, vous avez bien visé, même la première fois, et vous l'avez foudroyé. Le vampire n'est pas tombé parce qu'il ne peut pas tomber. Les chauves-souris ont les griffes pointues comme des aiguilles et *très crochues*. Elles agriffent la branche et la serrent tellement, même en dormant, qu'on ne peut les en détacher. Celle-ci, foudroyée du premier coup, n'a pu desserrer les griffes et tomber.

D'un coup de *facão* Rosen coupe la branche, et je puis constater la vérité de son affirmation.

Je vois en même temps que ce vampire a le museau retroussé comme certains bouledogues et surmonté de deux petites cornes charnues, ce qui augmente encore la laideur de l'animal et l'horreur qu'il inspire.

A six heures et demie, nous partons, pressant le pas de nos mulets. Vers midi, nous arrivons au *Rio des Almas* (la rivière des âmes), qui sera bientôt le Tocantins. Tel qu'il est devant nous, c'est déjà un grand fleuve de plusieurs centaines de mètres de large, aux eaux profondes et rapides. Heureusement qu'une *ubá* se trouve sur la rive. C'est une attention de la Providence. Sans cette embarcation, comment aurions-nous fait pour traverser? Les *camaradas* de Porto aiment à s'appeler les *Fils du Fleuve*, et « le Fleuve », pour eux, c'est le Tocantins. Ils sont généralement aussi bons *barqueros* qu'intrépides *camaradas*, et ils vont nous le prouver en maniant la pagaie avec l'adresse d'un *Caraja*. L'*ubá* est la barque primitive par excellence : un tronc d'arbre de quatre ou cinq mètres de long, non équarri, tel que le bon Dieu l'a fait et qu'il a poussé dans la forêt, sans proue, sans poupe, sans quille. On l'a grossièrement évidé à l'aide de mauvais intruments rougis au feu. Cette embarcation est évidemment d'équilibre très instable ; un rien suffit à la faire vaciller. A genoux, assis ou accroupis, nous risquons de chavirer. Force nous est de nous étendre de tout notre long et de faire ainsi corps avec le fond de l'*ubá*. Le Père Dominique, plus habitué, pourra rester assis. Quand à Rosen et Elysiario, ils s'y tiendront debout comme sur la terre ferme.

Pendant que, sur la rive opposée, nous préparons le riz et la *carne secca*, nos guides passent les mulets l'un après l'autre. Nous avons déjà expliqué, à notre départ de Porto, comment se fait cette traversée.

Comme on passait le dernier mulet, nous voyons venir à nous un homme d'une cinquantaine d'années, monté sur un étalon isabelle, à la crinière et à la queue blondes comme un épi de blé mûr. Sa femme et ses enfants sont atteints de la fièvre et il n'a aucun remède. Il nous prie de lui donner de la quinine. Dans le désert, le missionnaire est le médecin non pas seulement de l'âme, mais aussi du corps. Nous remettons bien volontiers à ce brave homme une bonne provision de comprimés de quinine et l'invitons à partager notre riz et notre *carne secca*, qui achèvent de cuire. Il accepte volontiers et nous nous mettons à table. *Nous nous mettons à table* est une expression tout à fait impropre dans la circonstance. Il *n'y a pas de table;* chacun prend une bonne assiettée et la mange comme il peut, debout ou assis sur l'herbe.

Une corne de bœuf, remplie de l'eau du fleuve, passe de mains en mains.

Dès que notre cavalier a mangé un peu, il se trouve plus à l'aise et il commence à nous raconter ses chasses, au jaguar dans la forêt, au crocodile sur les bords du fleuve : c'était inévitable !

Nous lui demandons s'il connaît l'origine du beau nom donné à son fleuve.

— Oh ! oui, je le sais ; mon grand-père m'a souvent raconté cette histoire, il la tenait de son père qui avait été un des acteurs du drame.

« Autrefois, il y a de cela bien longtemps, une tribu de Peaux-Rouges habitait sur la rive où nous sommes. Les guerriers de cette tribu étaient des plus courageux, des plus forts et aussi des plus féroces. Avec eux aucun rapport de bon voisinage n'était possible et les rares chrétiens qui s'aventuraient dans ces parages n'en revenaient plus. On disait même que ces sauvages les faisaient rôtir, comme on fait rôtir un cerf, un pécari ou un poisson, et les mangeaient à belles dents ; mais nul ne revenait pour le raconter et crier vengeance.

« Un jour, les chrétiens se réunirent sous la direction du père de mon grand-père, et, armés de bons fusils, allèrent à la rencontre des Peaux-Rouges, bien décidés à en débarrasser le pays et à les chasser sur l'autre rive. Les Peaux-Rouges se défendirent avec une grande bravoure ; plusieurs fois ils s'élancèrent à l'assaut en s'excitant avec des cris sauvages ; mais les balles des chrétiens faisaient d'horribles ravages dans leurs rangs à une distance que les flèches empoisonnées ne pouvaient franchir.

« Après deux jours de combats, les trois quarts des Peaux-Rouges avaient succombé ; ceux qui restaient passèrent nuitamment et pour toujours le fleuve à la nage.

« Les chrétiens, heureux d'être débarrassés de ces terribles voisins, creusèrent de grandes fosses dans le sable de la plage et y enterrèrent les cadavres des vaincus. Or, il arriva que les nuits suivantes, on vit des lueurs blanches et rouges sortir des tombes et voler jusqu'à l'autre rive où les Peaux-Rouges avaient établi leur campement. C'étaient les âmes des guerriers tombés en combattant et qui, ne se consolant pas d'être ensevelies en terre ennemie, s'en allaient reposer au milieu de leur tribu.

« Depuis ce jour, on appelle le fleuve *Rio das Almas*. »

Tout en remerciant ce brave homme de sa touchante histoire, nous essayons de lui faire comprendre que ce qu'on avait pris pour les âmes des Indiens était des gaz ou émanations spontanément inflammables qui, dans certaines conditions atmosphériques, se dégagent des cimetières et qu'on nomme feux follets, que d'ailleurs les âmes, étant des esprits, ne peuvent pas être enterrées, etc..., mais, nous nous arrêtons vite, car nous voyons que nous n'arriverons pas à le convaincre et que nous allons sûrement le scandaliser. Nous lui donnons encore quelques comprimés de quinine et nous partons pour aller établir notre campent près *d'un cours d'eau* que notre historien indique aux *camaradas*, ajoutant :

— Arrivez avant la nuit et prenez des précautions, car en cette saison, il est fréquenté par les jaguars et les crocodiles.

CHAPITRE XI

CAMPEMENT PEU SUR. — ROSEN APPELLE ET PROVOQUE LES JAGUARS. — « BICHO DE PÉ ». — OU ROSEN SE MONTRE CHIRURGIEN SANS ÉGAL. — SON ANTISEPSIE. — BAIN DE PIEDS FATAL. — LE SUPPLICE DE THÉSÉE. — MARCHE DANS L'INCONNU.

Le jeudi soir, 27 juillet, après avoir forcé la marche comme on nous l'avait sagement recommandé, nous arrivons au lieu destiné au campement de nuit.

Vite, nous profitons des derniers instants du jour, les uns pour aller au *Rio* abreuver les mulets et prendre la quantité d'eau suffisante pour le repas, les autres pour faire la corvée du bois nécessaire non pas seulement pour faire cuire nos aliments, mais pour entretenir le feu pendant la nuit. Sans cette sage précaution nous pourrions bien recevoir, pendant notre sommeil, la visite peu agréable des jaguars et autres hôtes des bois.

Le foyer est allumé à une centaine de mètres du *Rio* et de la lisière de la forêt, de façon à voir déboucher l'ennemi, et nos lits sont dressés tout près du foyer, c'est-à-dire que nous plaçons sur la terre nue des peaux de bœufs sur lesquelles nous serons heureux de nous étendre. Ces cuirs, non tannés, raides

comme des baguettes de tambour, sont destinés, non
à procurer au dormeur une couchette moins dure,
mais à le préserver tant bien que mal, et souvent
plutôt mal que bien, de l'atteinte des *carapatas*, des
fourmis et autres insectes nuisibles.

Après le repas, il nous faut invariablement écouter
les récits de chasse et de pêche de nos camarades.
Rosen et Elysiario sont des chasseurs de race et des
conteurs d'une verve et d'une éloquence toutes méri-
dionales. Ce nord du Brésil, ne l'oublions pas, cor-
respond à notre « Midi » et communique aux gens les
mêmes brillantes qualités, peut-être aussi les mêmes
petits défauts ; car rien n'est parfait sous ce soleil.
Ce soir, leurs récits ne manquent pas d'actualité, *car
on sait que les grands fauves ne sont pas loin.*

— Père, dit Rosen, en caressant la crosse de son
Winchester, aujourd'hui la chasse n'a plus le même
attrait, ni le même mérite. Nos armes portent loin
et sont à répétition, il faudrait être un grand mala-
droit pour qu'il y eût un vrai danger. Autrefois,
quand j'étais enfant, j'accompagnais à la chasse
mon père, qui était le *camarada* attitré du couvent
de Porto ; on ne l'appelait plus que Manoël dos
Padres. Or, mon père n'avait qu'un mauvais fusil à
un coup, il fallait donc s'approcher de très près du
jaguar, le tirer à quinze ou vingt pas tout au plus et
ne pas passer à côté, car il était impossible de re-
charger son arme pour tirer un second coup. Et cependant jamais mon père n'a été pris en défaut. Je
me tenais à côté de lui, le *facão* à la main, prêt à lui
passer l'arme en cas de besoin. Une seule fois, je
m'en souviendrai toute ma vie, le jaguar tiré à moins

de vingt pas ne fut pas mortellement blessé et bondit sur nous ; mais, rapide comme l'éclair, le *facão* s'enfonça jusqu'à la poignée au défaut de l'épaule et atteignit le cœur du grand fauve, qui tomba pour ne plus se relever. Mon père, que Dieu tienne en sa gloire ! n'eut qu'une égratignure.

Je crois que nous aurons ce soir le bonheur d'augmenter notre collection. Voyez les mulets, qui, malgré la tentation d'aller brouter l'herbe plus abondante et plus tendre des bords du *Rio*, s'obstinent à ne pas nous quitter. Leur instinct les avertit que le jaguar n'est pas loin. Nous allons bien vite le savoir ; *je vais les appeler ;* s'ils m'entendent, ils répondront sûrement.

Ce disant, il saisit la *buzina* (corne de bœuf), et en tire des sons rauques et prolongés, imitant à s'y méprendre le cri du jaguar. Il lance un, deux, trois appels, à intervalles inégaux, et au troisième appel, des profondeurs mystérieuses de la forêt, un rugissement sinistre répond ; bientôt après, en même temps qu'un rugissement plus rapproché, nous entendons craquer des branches mortes et des broussailles sous les pas du terrible fauve. Autant qu'on peut en juger dans l'obscurité et le silence de la nuit, le jaguar approche. Nous sommes loin d'être aussi satisfaits que Rosen et Elysiario et nous le leur témoignons assez vivement.

— Eh bien, vous voilà contents maintenant ! Qu'allez-vous faire ? Avec le jour, je le sais, vous êtes sûrs de votre coup, et il n'y a aucun danger ; mais, dans cette nuit, on distingue à peine un mulet à cinq ou six pas, et le fauve peut être sur nous avant que vous ayez eu le temps de tirer ; en tous cas, vous tirerez un peu au hasard ; et alors?...

— Ne craignez rien, *Padre*, et laissez-nous faire...

Un rugissement formidable, venu de tout près, lui coupe la parole, et nous maudissons l'ardeur guerrière de nos *camaradas;* mais le temps n'est pas aux récriminations. A la lueur du grand feu du campement, Rosen lit sur notre figure que nous ne sommes pas rassurés, disons le mot, que nous avons peur.

— Père, soyez tranquille, il ne vous arrivera aucun mal. Vite, étendez-vous sur ce cuir de bœuf, plus près du feu qui flambe ; j'en réponds sur ma vie, le jaguar ne viendra pas vous chercher ici. Surtout quoi que vous entendiez, restez couché, c'est plus sûr, à cause des balles. Restez là, pendant que, avec Elysiario, nous nous éloignons de quelques pas.

Ils se dirigent en rampant vers les broussailles. Puis ils mettent un genou en terre ; Elysiario épaule et Rosen, ayant tiré de la *buzine* un son encore plus rauque et plus prolongé que les précédents, lâche la trompette et saisit son arme. Aussitôt un rugissement à glacer le sang dans nos veines se fait entendre et, à une distance que l'obscurité ne nous permet pas d'apprécier, *deux points brillants apparaissent.* C'est ce qu'attendaient les intrépides chasseurs. Deux détonations ébranlent les échos de la forêt, le silence se fait à nouveau, *les deux points brillants ont disparu.*

Rosen revient alors et s'étendant à nos côtés :

— Père, vous pouvez dormir en paix, la bête est morte.

— Mais, hasardons-nous, elle n'est peut-être même

pas touchée ; les coups de feu peuvent l'avoir mise
en fuite.

— Oh ! *Padre*, cela n'est pas possible, je suis sûr
d'avoir logé ma balle entre les deux points brillants,
aussi sûr que si j'avais tiré en plein jour sur une cible
immobile. Du reste, vous allez constater que les
mulets ne resteront plus aussi près de nous, leur instinct les avertira qu'il n'y a plus de danger, et leur
instinct ne les trompe jamais.

— Bientôt, en effet, le son des clochettes de nos
animaux paraît moins proche, et nous-même, cédant
à la fatigue, nous nous endormons en pressant le
rosaire sur notre cœur.

Au réveil nous nous trouvons seuls avec le Père
Dominique, les *camaradas* ont disparu, allant à la
recherche des mulets. Après la messe, nous les voyons
revenir portant triomphalement la peau du jaguar.
C'était un mâle adulte et des plus beaux. Les chasseurs
avaient bien employé leur temps et leurs balles. La
peau leur appartenait de droit, ils nous l'offrirent
cependant très gracieusement ; ce sera un cadeau
pour un ami de France.

Cette journée et celle du lendemain se passent sans
événement notable. Le Père Dominique se remet peu
à peu et retrouve son ancienne ardeur. Quant à moi,
depuis deux jours, j'éprouve au genou une brûlure
inexplicable autant qu'intolérable. L'articulation paraissant libre et les mouvements n'étant ni doulou-
reux, ni gênés, je n'en dis rien, à quoi bon d'ailleurs ?

Dans ces courses à travers les forêts et les hautes
herbes, où l'on est sans cesse exposé à mille et mille
petits insectes, *carapates*, fourmis, *formigão*, etc.,

plus terribles les uns que les autres, si l'on devait se plaindre, on serait à se lamenter et à geindre toute la journée et puis encore toute la nuit. Mieux vaut faire une guerre silencieuse et de tous les instants à cette dévorante vermine.

La hauteur de mes bottes, qui arrivent bien au-dessus du genou, m'est un sûr garant que ce ne peut être une piqûre de serpent, c'est l'essentiel. Ce n'est point non plus un de ces carapates qui enfoncent leur tête dans les chairs, et sucent le sang à en devenir ronds comme une boule. Je n'ai en effet remarqué ni carapate, ni autre insecte adhérant à la peau. Il y a bien une enflure et une rougeur, mais je pense que cela provient d'un insecte quelconque qui se sera subrepticement introduit dans mes bottes et m'aura piqué avant de repartir ; la brûlure ne peut que disparaître bientôt et la douleur ira en diminuant.

Mes prévisions ne se réalisent point et, le matin du 29, fête de sainte Marthe, sentant que l'enflure et la douleur augmentent et envahissent tout le genou, je me décide à faire appel à la science médicale de Rosen. J'étais déjà prêt à monter à cheval, je rabats simplement le cuir souple de ma chaussure et montre le genou au camarade. Il reconnaît de suite non pas seulement le mal, mais sa nature, sa cause et me dit quel est l'animal qui m'a piqué et s'est même *introduit* et *caché dans mon genou.*

— *Padre,* s'écrie-t-il, c'est un *bicho de pé.* Pourquoi ne m'avez-vous pas dit plus tôt que vous souffriez ? Je l'aurais facilement enlevé avant qu'il ait creusé ses profondes galeries ; tandis que maintenant il a pu, tout à son aise, se constituer à vos dépens une habitation confortable et y pondre deux ou trois cents petits œufs, qu'il faut enlever jusqu'au dernier, sinon ils produiront de petits vers qui, répandus dans le sang, peuvent occasionner des accidents graves. Mais, rassurez-vous, pas un ne restera. Ils se trouvent tous, avec la mère pondeuse, dans une petite poche entourée d'une membrane assez résistante et, foi de Rosen, fils de Manoel dos Padres, je me charge d'enlever la poche sans aucune effraction, aussi bien, *mieux même qu'aucun chirurgien* de la Faculté de Rio de Janeiro ou de Belem do Para et, une fois la cause du mal enlevée, il n'y a plus ni douleur, ni danger.

Un scolastique n'aurait pas mieux raisonné, et le bon Père Dominique, qui fut autrefois un des meilleurs élèves de philosophie, conclut gravement : *Sublata causa tollitur effectus.*

— Tenez, vous allez voir, dit Rosen, asseyez-vous là sur cette grosse pierre et puis ne bougez pas. Il tire son *facão*, son gros *facão*, sabre plutôt que couteau, servant à tout : à tuer les serpents à sonnettes, les araignées venimeuses et à racler la pourriture que les blessures des mulets laissent sur le bât, aussi bien qu'à découper la *carne secca* ou le gibier. Il en passe la lame deux ou trois fois sur le cuir de ses bottes et le voilà à l'œuvre. Avec une dextérité sans égale, de la pointe de ce grand coutelas, il procède à l'extraction de la petite poche où se trouvent les œufs du *bicho de pé*. Une incision, un tour de main, c'est fait ; il ne reste plus sur la peau qu'une petite déchirure grosse comme un grain de maïs. Rosen presse, entre ses doigts, les lèvres de la plaie, provoquant une abondante hémorragie ; puis, pilant du tabac à fumer il en met sur la plaie, arrose avec de la *cachaça* (eau-de-vie de canne à sucre), bande avec un mouchoir de poche. C'est fini et je saute en selle sans éprouver aucune douleur.

Les lecteurs et surtout les lectrices qui ont soigné dans les ambulances nos chers et glorieux blessés trouveront peut-être que, comme précautions chirurgicales et comme antisepsie, c'est tout à fait rudimentaire. Comment ! voilà un couteau-sabre qui a servi à tuer des animaux venimeux, *à racler la pourriture des plaies* et, au lieu de le nettoyer avec soin, de le flamber, on se contente de le passer sur le cuir des bottes, qui sont elles-mêmes un repaire de microbes ! Puis on met sur la plaie du tabac qui a traîné dans toutes les poches !... *Quelle horreur! Dames de la Croix-Rouge, frémissez!*

En fait, il n'y a ni enflure, ni fièvre, ni infection, mais cicatrisation rapide. Que peut-on désirer de plus? Les savants discuteront, mais *contra factum non valet principium*, dit la scolastique.

La journée se passe sans autre fait digne de fixer notre attention. Ce sont toujours et invariablement les mêmes chevauchées à travers des plaines desséchées ou des forêts sans fin. Ce qui nous a ravi les premiers jours, finit par ne plus attirer notre attention, ou même par nous fatiguer. Ces longues étapes à cheval, sans pouvoir lier conversation avec ses compagnons, car on marche le plus souvent à la file indienne ; occupé dans les forêts à écarter une liane trop basse, à se garer d'une branche épineuse ; exposé dans la plaine aux ardeurs intolérables du soleil, tout

cela finit par devenir énervant, et autant on a désiré
le voyage, autant et plus on aspire après le repos.

Le 30, à midi, nous faisons halte près d'une rivière,
dans un site véritablement enchanteur. L'eau est
fraîche, transparente comme celle de nos gaves des
Pyrénées. Il y a près de trois semaines que mes
pauvres pieds sont emprisonnés, par cette chaleur !
dans de grandes bottes, que parfois nous gardons
même pendant la nuit, comme seul moyen de nous
garantir des piqûres d'insectes !... Décidément, la tentation est trop forte ; je vais prendre un bain de pieds.

Le bon Père Dominique et Rosen, plus endurants
et plus expérimentés, essaient de m'en dissuader ;
mais ils « prêchent dans le désert », c'est bien le cas
de le dire.

— Que peut-il donc y avoir à craindre, demandons-
nous ? Crocodile, *arrayas*, *piranhas* ou autres animaux
nuisibles ne peuvent habiter dans un si joli ruisseau.
D'ailleurs, s'il y en a, je les verrai bien venir et j'avi-
serai. »

Voici, juste à point, une grosse racine qui s'avance
au-dessus de l'eau, c'est un siège préparé tout exprès
par la divine Providence, qui n'oublie jamais les missionnaires. Il ne faut point laisser se perdre les dons
de Dieu ; mais en user avec reconnaissance.

Mes chers compagnons, voyant bien que toutes
les objections et tous les conseils sont inutiles, vont
au campement préparer le repas, tout en surveillant
l'imprudent et l'entêté, prêts à lui porter secours au
premier appel.

Cependant, débarrassé de mes lourdes chaussures,
je m'installe à califourchon sur la fameuse racine, et

tapotant l'eau des pieds et des jambes, je plaisante
ceux qui ont redouté un danger imaginaire. Ils ne se
tiennent point pour battus, et me supplient de mettre
fin à cette ablution, car à défaut de *piranhas*, ce sont
les fièvres qui me prendront pour ne point me lâcher
de si tôt.

Cédant à leurs instances, et me sentant d'ailleurs bien reposé, je veux me relever de ce siège, que
j'ai cru providentiel, et regagner la rive. J'éprouve
d'abord quelques difficultés, sans me rendre compte
de ce qui *peut bien me retenir captif*. Je m'y reprends
à plusieurs fois, m'aidant des pieds et des mains, mais
vains efforts, on dirait que les tentacules invisibles
d'une pieuvre me clouent sur la racine par la partie
la plus large de ma personnalité. Je me penche de
tous côtés, je regarde dans l'eau, sous la racine, sans
découvrir être vivant ou mort. Il n'y a, c'est évident, ni pieuvre, ni liane, rien, absolument rien de
visible ou de palpable, qui me retienne ; je suis bien
libre, me semble-t-il, et cependant le fait est là, je ne
puis me soulever.

Autrefois, Thésée, pour avoir gravement offensé les
dieux de l'Olympe, avait été condamné à rester éternellement assis !

> *...Sedet œternumque sedebit*
> *Infelix Theseus.*

Suis-je donc condamné au même supplice, pour
avoir usé avec reconnaissance des dons de Dieu?... Je
ne puis le croire.

Rosen, qui s'est aperçu de quelque chose, s'approche
et dit en souriant :

— Mais, Père, que vous arrive-t-il?

Je réponds avec conviction :

— Rien.

Décidé à en finir, je m'accroche, des deux mains, à une branche qui se trouve au-dessus de ma tête et de toutes mes forces je fais un violent effort, comme pour un rétablissement au trapèze. Soudain un *craquement sinistre se fait entendre*, je me relève, une partie de ma culotte de cavalier reste collée à la racine.

Je m'étais assis sur une racine d'arbre distillant une sève dont les Peaux-Rouges se servent pour ajuster et fixer la pointe de leurs flèches. Nulle glu au monde ne peut lui être comparée ; cela collerait même le fer !

Rosen, loin de rire de l'aventure, se met à se frapper consciencieusement la poitrine et à s'accuser de n'avoir point deviné la nature et les propriétés de cette racine.

En guise de conclusion, le Père Dominique, toujours bon, ajoute :

— Il nous faut, malgré tout, remercier sincèrement la Providence. Ce qui est arrivé n'est point grave et le pantalon en peau de cerf d'un camarade remplacera avantageusement le vôtre. Mais si vous étiez resté assis quelques minutes de plus, la sève, distillée en plus grande abondance sous l'action de la chaleur, aurait traversé le tissu et *atteint votre peau ;* et alors il n'y aurait plus eu qu'un moyen, un seul, pour vous arracher à cette place, vous écorcher tout vif comme un nouveau saint Barthélemy !

Plus honteux et plus confus que le corbeau de la

fable, je jurai, mais un peu tard, qu'on ne m'y prendrait plus.

Comme quoi dans ces parages, il est toujours peu sage de ne point écouter les conseils des *camaradas*.

Le soir, nous campons en pleine forêt, ces campements de nuit sont toujours dangereux ; mais il n'y a pas à choisir. Dans la nuit, impossible d'aller plus loin.

Nos hamacs sont suspendus tout près du foyer, ce sera toujours une sauvegarde. D'ailleurs les clochettes de nos mulets, dont le son devient de plus en plus lointain, nous prouvent qu'il n'y a pas de fauve dans le voisinage.

Le 31, fête de saint Ignace, la messe est célébrée de grand matin et nous voilà en route, suivant toujours ce que les *camaradas* appellent le *vieiro* (la ligne de partage des eaux). Cela nous oblige parfois à d'immenses détours, mais assure la marche en avant. Une fois seulement, sur nos instances très pressantes, Rosen a consenti à abandonner ces hauteurs et à couper au plus court ; mais, une heure après, nous étions en face d'un ravin infranchissable, obligés de rebrousser chemin et de revenir au point de départ, d'où surcroît de fatigue et perte de temps.

Vers dix heures, nous sommes dans un fouillis inextricable d'arbres abattus par la tempête, sur lesquels poussent d'autres arbres, qui donnent à leur tour la vie à des parasites sans nombre ; c'est un véritable chaos. Pendant que nous sommes occupés à nous débrouiller de notre mieux, un coup de feu retentit. C'est Rosen qui a tiré sur un *guara*, espèce de loup rouge, qu'on appelle vulgairement le « lion du Brésil », bien qu'il n'ait ni la taille ni la force du roi des animaux. Nous aurions bien préféré un cerf, dont les cuissots eussent servi à économiser nos provisions, qui touchent à leur fin.

Après une courte halte vers le milieu du jour, nous recommençons à chevaucher. Pour la première fois depuis le départ, Rosen nous dit qu'il n'est pas absolument certain de la direction ou, plus exactement, du plus court chemin à suivre pour arriver en temps opportun à Formosa.

— Nous y arriverons, j'en réponds, dit-il ; le soleil ne peut me tromper, mais il s'agit d'y arriver dans la journée du 3 août et pour cela il n'y a pas un instant à perdre, pas une fausse manœuvre à opérer ; aussi je ne serais pas fâché de rencontrer un cavalier quelconque pour lui demander un renseignement.

Pour qui connaît la mâle assurance des *camaradas* du Nord, cet avertissement ne dit rien qui vaille. Il faut que Rosen lui-même soit bien désorienté pour tenir ce langage. On le serait à moins. Voici plus de vingt jours que nous voyageons à travers le désert et la forêt, sans chemin ou sans sentiers tracés, sans boussole, sans aucune donnée scientifique, sans autre guide que le soleil et l'instinct de Rosen. A Porto on lui a dit : Formosa se trouve non pas à tel degré de longitude ou de latitude, il n'y eût rien compris ; mais simplement : Formosa se trouve dans telle direction, il faut pencher à droite, et c'est tout.

Hélas ! cette journée, comme les précédentes, se passe sans que nous rencontrions âme qui vive.

Nous chevauchons, pressant le pas des mulets, égrenant plusieurs fois le rosaire, invoquant saint

Dominique, le suppliant de nous faire arriver à temps pour célébrer sa fête dans une église de l'Ordre et au milieu de nos frères. Rosen et Elysiario, attentifs au moindre incident, au plus petit bruit, jettent de temps en temps de grands cris, tirent des coups de feu, pour voir si quelque voyageur ne leur répondra point. Peine perdue, seuls les échos des forêts et des collines redisent leur appel.

La nuit va bientôt tomber, rendant toute marche bien difficile, nous ne dirons pas absolument impossible, car nous sommes dans une immense plaine. Il nous faut nécessairement de l'eau pour les mulets, fatigués de cette longue étape et nous n'en trouvons point.

On aperçoit bien, dans le lointain, une masse sombre de verdure, c'est le signe certain qu'une source n'est pas loin ; mais la nuit se fera sûrement avant que nous ayons pu en approcher. Il nous faut de l'eau, et le seul moyen d'en trouver c'est d'aller vers la forêt, qu'on voit à l'horizon.

Nous avançons dans la nuit. Nos braves mulets ont l'air de comprendre et accélèrent le pas, mais ils trébuchent souvent, tombent parfois, tant ils sont fatigués ; le cavalier n'a qu'à bien se tenir. Bientôt le terrain devient plus accidenté et Rosen juge qu'il ne serait pas prudent d'aller plus loin. A tâtons, nous enlevons charges et selles et donnons la liberté aux mulets. Les *camaradas* ne leur mettent point aux pieds les entraves habituelles. De cette façon ils seront plus libres pour aller à la recherche de l'eau vers laquelle leur instinct les guidera, plus libres aussi pour *fuir ou se défendre* en cas de besoin.

Quant à nous, impossible de songer à aller à la corvée du bois ; le feu préservateur ne sera donc pas allumé.

Je ne puis rien affirmer, dit Rosen, cependant j'ai l'intuition qu'une *casa* n'est pas loin. Mais il a beau appeler, crier, sonner de la *buzina*, tirer des coups de feu, nul ne répond.

Nous récitons à genoux le *Salve* et après le traditionnel : *nos cum prole pia benedicat Virgo Maria*, nous nous étendons côte à côte sur les cuirs de bœufs, et brisés de fatigue nous nous endormons bientôt sous la garde de Marie Immaculée.

CHAPITRE XII

RÉVEIL AU CHANT DU COQ. — VIEILLE FEMME EN-
GOURDIE PAR LE FROID. — FAUX RENSEIGNEMENT.
— RENCONTRE D'UN CAVALIER, TOUT S'EXPLIQUE.
— HISTOIRE TRAGIQUE DE LA PAUVRE FOLLE DU
SUMIDOURO. — EN ROUTE VERS LE TORTO, FUTURE
CAPITALE DU BRÉSIL. — UN CRAPAUD MALHEUREUX.
— LAMENTABLE ÉTAT DE NOS VÊTEMENTS. —
ARRIVÉE A FORMOSA.

Le lendemain matin, 1ᵉʳ août, nous dormions
encore paisiblement quand une joyeuse exclamation
de Rosen nous réveille.

— Père, père, je vous l'avais bien dit, une habitation se trouve dans le voisinage, *je viens d'entendre
le chant du coq et vous allez l'entendre aussi.*

De ses deux mains posées devant la bouche, il
forme une sorte de corne d'appel et, imitant à s'y
méprendre la voix grave et sonore d'un vieux coq
de ferme, fait retentir la forêt d'un superbe cocorico
trois fois répété. Aussitôt tous les coqs, de répondre
à qui mieux mieux ; le doute n'est plus possible, une
habitation n'est pas loin.

Pendant que nous célébrons la Sainte Messe, Rosen
et Elysiario vont à la recherche des mulets et, au
lever du soleil, nous partons sous la sage direction

de Rosen, qui marche en tête de file vers l'endroit d'où continuent à partir de plus belle, les joyeux chants du coq.

Bientôt nous apercevons une vieille *casa*, si l'on peut donner ce nom à quelques piquets surmontés de branches de palmiers formant toiture. Nous nous approchons de cette hutte, il fait déjà grand jour et nous nous *rendons compte alors du danger couru et providentiellement évité la veille. A quelques pas de cette casa, s'ouvre un gouffre taillé à pic, au fond duquel les eaux se brisent avec fracas contre les rochers.* C'est ce qu'on appelle ici une *cabeceira* (source d'un grand fleuve).

C'est miracle que, la veille, nul n'ait répondu de la ferme aux appels réitérés de nos *camaradas*, c'est miracle qu'un chanteclair attardé n'ait point fait entendre sa voix, car alors nous aurions été attirés vers la ferme et, comme dans la nuit le précipice ne pouvait être aperçu, mulets et cavaliers eussent fait le plongeon dans l'abîme. Nous remercions le Seigneur de ce qui, la veille, nous avait tant contrariés.

Ainsi en est-il souvent dans la vie du chrétien. Aujourd'hui nous désirons une chose, nous soupirons après elle, nous la demandons à Dieu avec instance, nous nous lamentons, parfois nous nous plaignons de ce que nos prières ne sont pas exaucées et demain nous constatons que, si le bon Dieu ne nous a pas écoutés, c'était pour notre bien.

Arrivés près de la *casa*, Rosen interpelle ses habitants à la manière du *sertão :*

— Ohé! ohé! les gens de la maison!

Rien ne bouge.

— Ohé ! ohé ! et Rosen sonne de la *buzina*. Seuls les coqs répondent.

— La *casa* est peut-être abandonnée, hasardons nous.

— *Padre*, dit Rosen, ce n'est pas possible, à moins que tous ne soient morts cette nuit. La présence des poules prouve qu'elle est habitée.

— Mais alors impossible qu'on ne nous ait pas entendus. Que signifie ce silence ?

— Oh ! c'est bien simple : ces gens-là ne dorment pas : ils ont froid, ils sont engourdis.

Nous sommes, en effet, sur les hauts plateaux, nous approchons des sommets les plus élevés du Brésil et, à cette saison, entre la température du jour et celle des dernières heures de la nuit, il y a une différence de 45 à 50 degrés. Ne pensez pas que j'exagère ! La veille, le thermomètre placé sur la selle d'*Estrella* marquait à deux heures du soir 59 degrés. Cette nuit il est descendu à + 9 ; il en marque maintenant + 11. En bonne arithmétique cela fait bien 50 degrés de différence en quelques heures. Or, à cette temparature de + 9 ou + 10, les habitants de ces pays ont aussi froid que nous Français à 10 ou 15 degrés au-dessous de zéro. Je pourrais même dire beaucoup plus, car ils s'obstinent à ne pas réagir et ne veulent prendre aucun moyen de se réchauffer. Impossible de les convaincre qu'ayant froid ils doivent se remuer, faire de l'exercice ; ils s'accroupissent, restent immobiles comme une marmotte endormie et attendent que la chaleur revienne. Elle revient vite, en effet : dès neuf heures du matin, le thermomètre, au soleil, remonte à 40 degrés.

Nous appelons encore et enfin !... nous voyons apparaître une vieille femme, mal vêtue, les cheveux en désordre, de méchante humeur, les yeux égarés, parlant à peine ; on dirait que le froid a gelé ses paroles dans sa gorge.

Le Père Dominique, espérant que sa qualité de religieux le rendra plus sympathique, s'approche et lui demande avec douceur :

— Eh ! brave femme, comment allez-vous ?

— Mal, très mal !...

— Quelle est votre maladie ?

— La fièvre paludéenne !

— Nous vous donnerons des pilules qui la guériront.

— Non, non, j'ai froid.

— Eh ! dit Rosen, brave femme, que serait-ce si, comme nous, vous aviez passé la nuit à la belle étoile, étendus sur la terre nue et sans couverture !

Et il poursuit :

— Où sommes-nous ? Comment appelle-t-on ce lieu ?

— *Sumidouro* (gouffre).

Et elle se tait.

— Voyons, réveillez-vous un peu. De quel côté se trouve Formosa ? Quelle direction devons-nous prendre pour y arriver ?

Nous lui aurions demandé quel chemin nous devions prendre pour aller en Chine ou dans la lune, que son étonnement n'aurait pas été plus grand. Elle ouvre de grands yeux où passe comme un éclair de folie et ne répond pas. Le Père Dominique intervient de nouveau, avec sa douceur habituelle :

AU RETOUR DU VILLAGE TAPIRAPÉ, LES INDIENS PORTENT NOS BAGAGES

L'AUTEUR CHEZ LES KAYAPOS

Un des Peaux-Rouges a déjà passé sur ses épaules le pantalon
qui lui servira de besace.

JEUNES FILLES KAYAPOS ÉLEVÉES PAR LES SŒURS DOMINICAINES

— Voyons, ma bonne femme, nous sommes égarés ; nous allons à Formosa ; vous savez : la grande ville où sont les Pères Dominicains. Tenez, voilà une jolie médaille : mais dites-nous de quel côté il faut aller.

A la vue de la médaille la bonne vieille semble se dégourdir un peu ; elle relève sa jupe crasseuse qui traîne à terre, écarte ses cheveux qui lui cachent à demi le visage, et fait signe de prendre à droite.

— Vous trouverez un *rio*, vous le passerez et ensuite vous pencherez à gauche. C'est cette direction que prenait mon époux, quand, une fois par an, il allait à la cité chercher un peu de sel.

— Merci, brave femme, que Dieu vous le rende ! Nous parlerons de vous aux Pères de Formosa et en venant en *desobriga* ils vous apporteront l'image d'un saint pour orner votre maison.

Renseignés, nous le croyons du moins, nous prenons à droite. Deux heures de marche et nous voici en face d'un petit *rio*; nous le traversons sans difficulté, et filons à gauche vers le haut plateau, selon les indications fournies par la bonne vieille du *Sumi-douro*.

A neuf heures nous apercevons dans le lointain un homme à cheval et Rosen tire en l'air un coup de fusil pour signaler notre présence. Le cavalier vient aussitôt vers nous au galop de son jeune étalon. Après le salut d'usage, Rosen demande :

— Nous avons campé près du *Sumidouro*, et selon les indications d'une brave femme à moitié morte de froid, nous avons pris cette direction, qui me paraît étrange, pour aller à Formosa. Est-ce bien la bonne voie et surtout la plus courte, car nous avons hâte d'arriver?

— Oh! pauvres Pères, répond le cavalier, vous faites fausse route, vous tournez le dos à Formosa. Je connais bien vos Pères : le supérieur a béni mon mariage et baptisé mon premier-né. Il vous faut d'abord retourner au *rio*, le traverser de nouveau, puis prendre à droite et non à gauche; de cette façon vous arriverez au Torto, qui est le plus haut plateau du Brésil. De là, dominant toute la région, vous ne pourrez plus vous tromper. Vous n'aurez qu'à piquer droit devant vous. Sans cette erreur vous auriez pu arriver ce soir même au Torto.

— Mais alors, dit Rosen, cette femme nous a trompés; c'est une vieille sorcière, elle en avait tout l'air et j'aurais dû me méfier.

— Non, répond l'inconnu, elle n'est ni sorcière, ni méchante, c'est simplement une pauvre folle dont l'histoire est des plus tragiques. Ne vous tourmentez pas outre mesure; il y a remède à tout sauf à la mort. Je connais très bien ces parages pour y avoir chassé souvent le jaguar; je vais aller avec vous, nous prendrons un raccourci et vous regagnerez une partie du temps perdu. Au lieu de rentrer chez moi ce soir, je n'arriverai que dans la journée de demain et, quand mon épouse saura que j'ai accompagné des Dominicains allant à Formosa, elle me bénira, car rendre service aux missionnaires du bon Dieu porte toujours bonheur. C'est entendu, je prends la direction de votre petite caravane.

Chemin faisant Hermenegildo nous raconte l'histoire de la pauvre folle. Elle avait épousé Olympio,

le plus brave homme de la région. Sa ferme était
non loin du Torto et fournissait à l'heureuse famille
tous les biens désirables dans le *sertão*. Il y a deux
ans à peine, Olympio et ses deux fils, jeunes gens
de dix-huit et de vingt ans, revenaient d'une course
lointaine quand ils aperçoivent un jaguar. N'écou-
tant que leur instinct de chasseurs, ils se lancent
à sa poursuite ; les ombres de la nuit, qui couvrent
déjà la terre, les empêchent de voir un gouffre profond, creusé entre deux bancs de rochers et tous
les trois y tombent et s'y écrasent ; leurs corps dé-
chiquetés furent emportés par les eaux tumultueuses
du torrent qui coule avec un bruit d'enfer au fond
de cet abime. Le lendemain Francisca attendit son
époux et ses enfants, elle les attendit le surlende-
main encore et les jours suivants, mais vainement,
ils ne devaient plus revenir.

Les amis de la famille allèrent à la recherche des
disparus ; on n'eut pas de peine à retrouver les
traces des mulets ; on les suivit jusqu'au bord du
précipice et on eut la certitude qu'ils y étaient
tombés. Rosen se signe, remerciant Dieu de l'avoir
préservé.

Quand Francisca apprit la fatale nouvelle, elle
voulut, malgré les supplications de ses amis, aller
jusque sur les bords du précipice voir où les êtres
si chers qui constituaient tout son bonheur et toute
sa vie avaient disparu, et leur envoyer un dernier
adieu. Mais quand, se penchant, elle vit toute l'horreur du gouffre au fond duquel on ne voit que les
ténèbres et on n'entend que le grondement sinistre
des eaux, elle se releva les membres raides, la figure

pâle comme la mort, les yeux hagards ; sa pauvre tête n'avait pu supporter cette horrible vision, elle avait perdu la raison. Elle ne prononça que ces mots : « *Sumidouro, sumidouro, sumidouro!* »

La pauvre femme ne retourna plus à sa ferme ; elle s'établit près du gouffre, où elle vit misérablement, attendant la mort qui ne peut tarder.

— Pauvre Francisca ! conclut le Père Dominique, la mort sera pour elle une délivrance, elle mettra fin à son épreuve et la réunira aux êtres bien-aimés qui n'ont fait que la précéder dans le royaume de Dieu, où il n'y a ni souffrances, ni pleurs, ni séparation, mais éternel bonheur dans la Vision béatifique.

A une heure, nous arrivons au sommet d'une colline assez élevée. Au centre du plateau qui la couronne jaillit à gros bouillons une source tellement abondante qu'à elle seule elle constitue déjà une petite rivière dont les ondes cristallines dévalent sur les pentes du versant opposé à celui que nous venons de gravir. Le lit de la rivière est encore mal creusé, aucun arbre ne borde ses rives, c'est le signe certain, nous disent les *camaradas*, que la source a jailli depuis peu.

Les mulets boivent avidement cette eau fraîche et pure, nous mettons pied à terre pour une courte halte, et nous les imitons. Nous n'avons pas le temps d'apprêter un repas quelconque ; il faut remonter en selle et chevaucher encore, chevaucher toujours pour réparer l'erreur de la matinée. En quelques minutes Rosen a cependant préparé une bonne ration de café, et nous voilà de nouveau à cheval.

Avant de nous quitter, Hermenegildo, dont la charité si aimable et si prévenante nous a remis dans la bonne voie, donne à Rosen ses dernières indications.

— Voyez là-bas, bien loin, se confondant avec l'horizon une masse sombre : c'est le Torto, le plus haut sommet du Brésil, l'emplacement de la future capitale de tous les États fédérés. Pressez le pas ; si vous y arrivez avant ce soir, la partie est gagnée ; vous serez à Formosa pour la Saint-Dominique. Bon voyage et que Dieu vous guide !

— Merci, répondons-nous, et que Dieu vous le rende !

Une chaude poignée de main ; nous sautons en selle et nous voilà chevauchant à bonne allure.

Après une colline vient une vallée, après la vallée une autre colline. Chaque fois il nous semble que c'est la plus élevée et que, par conséquent, ce sera la dernière ; illusion de nos sens, due au manque d'habitude ; Rosen ne s'y laisse point tromper et accélère la marche.

A sept heures la nuit vient et le Torto est toujours loin. La lune ne se lève pas encore ; heureusement le ciel est sans nuage et la lumière tombant des étoiles suffit à un œil expérimenté comme celui de Rosen. Nos mulets sont très fatigués, ils trébuchent souvent. Le Père Dominique en a pitié.

— Rosen, dit-il, les animaux ont quinze heures de marche dans les jambes et ont couvert plus de cent kilomètres, n'ayant eu pour réconfort que l'eau de la rivière. Il serait sage de ne pas aller plus loin et de ne pas nous exposer dans la nuit à de fâcheux accidents.

Mais Rosen, qui a décidé d'aller camper au Torto,

fait la sourde oreille. Il prend la tête de la colonne
et me dit tout bas :

— *Padre*, marchons, marchons ; ce que nous ferons
ce soir, nous n'aurons pas à le faire demain.

Nous chevauchons à la queue leu leu. Elysiario
ferme la marche et presse les *cargueiros*. A partir
de ce moment, silence complet.

Vers dix heures, un aboiement de chien nous
avertit qu'une *casa* n'est pas loin, les mulets entendent
et comprennent tout aussi bien que nous, car un
hennissement de *Gavião* répond aussitôt et signale
notre présence. Le maître de la chaumière — une
des plus misérables que nous ayons rencontrées —
nous reçoit à cœur et bras ouverts : mais c'est tout ;
nul ne peut donner que ce qu'il a. Nous n'avons rien
mangé de toute la journée et nous avons chevauché
pendant plus de dix-sept heures consécutives, sauf
une halte de quelques minutes. Brisés de fatigue,
nous n'avons ni l'envie ni le temps de faire cuire
des aliments ; mieux vaut encore nous coucher sans
souper après avoir passé la journée sans dîner ; *qui
dort dîne*, dit le proverbe.

Rosen prépare cependant une tasse de café et
fait aussi rôtir deux petites tranches de *carne secca*
pour lui et Elysiario. Ce n'est pas pour nous donner
meilleur appétit. Cette viande desséchée, ainsi rôtie,
est au moins aussi dure qu'une semelle et il faut les
dents de tigre de nos *camaradas* pour oser y mordre.
Le café bu, le *Salve Regina* récité, nous nous étendons
sur nos cuirs de bœufs et, cinq minutes après, nous
nous endormons du plus profond sommeil.

Le lendemain le soleil se lève déjà à l'horizon

quand nous nous éveillons. Vite l'autel est dressé pour la sainte messe, à laquelle le brave vieillard, maître de ces ruines, assiste et communie. Bientôt les *camaradas* arrivent avec les mulets, qui fort heureusement ont trouvé de bon *capim*, et, pendant que Rosen prépare le café, nous pouvons jouir d'un spectacle peut-être unique au monde.

Le Torto, nous l'avons dit, est le point le plus élevé du Brésil. La vue s'étend au loin, dominant collines et montagnes, fleuves et forêts. Nous sommes à la ligne de partage des eaux : les sources du nord et de l'ouest vont à l'Araguaya et au Tocantins, celles du sud au Rio de la Plata et celles de l'est au San-Francisco. Il suffit de prendre une carte de géographie pour voir ce que sont ces grands fleuves. Le Rio de la Plata baigne à la fois Buenos-Ayres et Montevideo et a une embouchure de 230 kilomètres de large. L'Araguaya et le Tocantins, fleuves rivaux sur un parcours de plusieurs milliers de kilomètres, se donnent enfin fraternellement l'accolade, mêlent leurs eaux et, semblant défier l'Amazone, vont se jeter dans l'Océan à Belem du Para, formant un estuaire large de 200 kilomètres. Le San-Francisco, après avoir reçu le tribut de plusieurs cours d'eau, va se jeter dans l'Océan entre Pernambuco et la Bahia de San Salvador.

Il est vrai que les sources du Torto ne prennent point immédiatement des noms aussi pompeux, elles en changent même souvent sur leur immense parcours ; mais telles qu'elles sont à leur origine, elles forment déjà des rivières qui feraient bonne figure dans notre vieille Europe.

Il n'est donc pas étonnant que les Brésiliens qui aiment les grandes choses et aspirent, non sans raison, à voir leur pays devenir l'État le plus florissant du monde, aient résolu d'établir ici leur métropole.

En droit, Rio de Janeiro, malgré son site merveilleux, ses richesses et ses splendeurs, n'est qu'une capitale provisoire. La Constitution républicaine statue en effet que la capitale des États fédérés doit être non sur le littoral, mais plus au centre. Une commission d'hommes politiques, d'ingénieurs, de géographes, de géomètres, de médecins, de savants en toutes sciences fut nommée, il y a quelques années, pour étudier la question et désigner le point où serait bâtie de toutes pièces la grande cité.

Cette commission, après avoir beaucoup voyagé, fixa comme emplacement de la ville rêvée, les hauts plateaux sur lesquels nous nous trouvons en ce moment. Elle traça (sur le papier) le plan du futur État et de la future capitale. Le centre en serait au Torto et comprendrait Mestre d'Armas et Formosa.

Il est certain que le jour où ce plan aura été réalisé, le Brésil aura une capitale dont le site et la grandeur éclipseront toutes les merveilles du monde connu. Que sont les jets d'eau de Versailles ou les fontaines de Rome, pourtant si admirés, comparés à ces sources jaillissantes du Torto qui, dès leur origine, forment de véritables fleuves, comme le Paranahyba, le San-Francisco, le Rio das Almas, l'Araguaya et son illustre frère le Tocantins.

Mais de la conception du plan projeté à sa réalisation il y a loin et probablement beaucoup d'eau aura jailli des sources du Torto, avant qu'elles n'arrosent la future capitale.

En attendant, il n'y a ici qu'une misérable *casa* que nous allons quitter au plus vite pour reprendre le chemin de Formosa. Nous sommes en effet au matin du 2 août, nous voudrions être à Formosa dans la soirée du lendemain, pour les premières vêpres de la fête de saint Dominique et il nous reste à parcourir plus d'une centaine de kilomètres.

Vers midi nous faisons halte sur la lisière d'une forêt. Laissant Mestre d'Armas à notre droite, nous arrivons bien avant la nuit à une ferme dont le propriétaire est un des meilleurs amis des Pères de Formosa. Impossible de songer à aller plus loin, ce serait faire trop de peine à ce brave chrétien, qui sera si heureux et si fier d'hospitaliser deux religieux et d'entendre la Sainte messe.

Quand le missionnaire arrive à l'improviste dans une ferme pour y passer la nuit, tous se réjouissent de sa visite ; tous veulent recevoir sa bénédiction, le voir, l'entendre. On l'entoure, on l'interroge, on boit les paroles qui tombent de ses lèvres, on lui fait bénir et toucher des objets. Vraiment, quelque fatigué qu'il soit, quelque désir qu'il ait de repartir de grand matin, le missionnaire aurait mauvaise grâce à se plaindre : ce ne serait ni poli, ni charitable.

On cause ainsi jusqu'à la tombée de la nuit et alors seulement les gens de la maison pensent qu'il y a le repas à préparer et, comme ils veulent bien recevoir et fêter l'Envoyé de Dieu, ils ne se contentent pas du riz traditionnel. Le maître prend un fusil et

va à la chasse aux poules et aux coqs de la basse-
cour ; il en abat deux, trois, quatre ou plus selon les
circonstances, pour qu'il y en ait abondamment
pour tous. Ces volailles demandent du temps pour
être plumées, préparées, cuites ; finalement, il est
rare qu'on puisse se mettre à table avant dix heures
du soir.

Le repas terminé, après avoir béni chacun des
membres de cette heureuse famille, nous nous installons dans les hamacs suspendus à des arbres,
tout près de la veranda où reposeront nos deux
camaradas.

A quatre heures du matin, un chanteclair entonne
de sa plus belle voix l'hymne au soleil ; tous les autres
coqs répondent et font entendre de joyeux cocoricos.
C'est leur prière du matin ; car si les étoiles, la lune
et le soleil racontent la gloire de Dieu, les oiseaux,
eux aussi, à l'invitation du prophète Daniel, bénissent
le Seigneur : *Benedicte omnes voluvres cœli Domino.*
Hélas ! combien d'hommes qui, voyant le soleil
paraître à l'horizon, ne songent pas à remercier
Celui qui l'a placé au firmament et le fait se lever
chaque matin pour nous donner sa lumière et sa
chaleur !

Après une courte prière — faite à genoux sur le
hamac, pour offrir la journée à Dieu par Marie
Immaculée, je mets pied à terre et à la lueur incertaine des dernières étoiles, je cherche les bottes.
Contrairement à mon habitude, je ne les ai pas sus-
pendues aux cordes du hamac. Elles traînent par
terre. Celle du pied droit que je prends d'abord me
paraît singulièrement lourde ; mais je n'y prête pas

grande attention, pensant que c'est la rosée de la nuit qui a mouillé et alourdi le cuir.

Ce n'est pas une petite affaire que de chausser seul ces grandes bottes à l'écuyère. A moitié debout et à moitié assis sur le hamac, j'enfile un pied dans la longue tige, faisant effort sur les tirants. L'opération commence assez bien, quand soudain je jette un cri d'épouvante. Du fond de la botte, un animal a bondi sur l'obstacle qui lui barre le passage. Est-ce un serpent, est-ce un autre *bicho* dangereux? Vivement j'essaye d'enlever la botte; mais trop ému, je ne réussis pas et, faisant un faux mouvement, je perds l'équilibre et tombe à terre. Cependant, l'animal s'impatiente et s'attaque à mes orteils.

Heureusement que Rosen m'a entendu, il est déjà près de moi et, comprenant ce qui a dû arriver, il empoigne la botte, la retire et la secoue violemment. Il en sort un énorme crapaud qui s'enfuit en faisant des bonds gigantesques. Je crois que le pauvre animal a eu autant de peur que moi!

— Rassurez-vous, Père, me dit Rosen, ces crapauds, malgré leur taille géante sont absolument inoffensifs; mais un serpent aurait pu tout aussi bien s'introduire dans vos chaussures, et alors... Voyez-vous, Père, ces grandes bottes, il faut avoir la précaution de les suspendre, pendant la nuit, la tige en bas, pour éviter que les *bichos* malfaisants ne viennent les visiter et n'y établissent leur demeure.

Après la Sainte messe et les adieux à cette famille si chrétienne, nous partons dans la direction de Formosa. Il est près de sept heures et nous avons à couvrir une quarantaine de kilomètres; mais les mulets ont eu double ration de maïs et ils ne demandent qu'à trotter à bonne allure.

Montés sur *Rosinha* et *Estrella*, le Père Dominique et moi partons seuls. Rosen et Elysiario sont retardés par les animaux de charge. Aucun accident ne vient entraver notre marche rapide et à onze heures nous sommes en vue de Formosa. Nous mettons pied à terre pour faire un brin de toilette, car décemment nous ne pouvons entrer en ville dans l'état pitoyable où nous sommes.

Dans les forêts du Brésil, les vêtements du voyageur ne tardent pas à être en lambeaux. Le premier jour on se lamente, on trouve qu'une soutane déchirée n'est pas convenable pour un religieux ; on essaye de réparer le mal, de faire une reprise ou plutôt un surjet rapprochant simplement les deux bouts, ce qui, au retour, fait bien sourire les sœurs lingères. Puis on se rend vite compte que tout est inutile, que nécessité fait loi et que le seul remède consiste à s'habituer au mal. Bientôt on n'y fait plus attention. Quant aux *camaradas*, obligés d'aller partout dans les fourrés, il ne reste, après quelques jours, plus rien de leurs vêtements, que les pantalons en cuir de cerf et quelques lambeaux de chemise. Malgré cela, ils ont grand air, et nous rappellent les vers du poète Barthélemy :

Jusque sous ses haillons desséchés et poudreux,
Effrangés par le temps, cardés par la misère,
L'Arabe qui mendie a l'air d'un Bélisaire.

Notre toilette consiste à nous couvrir d'un *puncho*, grande couverture au milieu de laquelle il y a une ouverture assez large pour y passer la tête ; les pans couvrent les épaules, le corps et même les jambes du cavalier ; et tout est dit, nul ne voit ce qui est dessous ; c'est un cache-misère universel. Dans cet accoutrement nous faisons notre entrée solennelle à Formosa !

A onze heures et demie nous arrivons au couvent ; c'était le 3 août, veille de la fête de notre bienheureux Père saint Dominique.

Rosen avait tenu parole, et gagné la prime promise.

TROISIÈME PARTIE

DE FORMOSA A UBERABA

CHAPITRE XIII

DÉPART DE FORMOSA. — BOTAFORA SOLENNEL. — PLAN DU « CAMARADA. » — NICOLAO LE CHASSEUR DE SERPENTS. — CHASSE PEU COMMUNE. — OÙ LE MORT SEMBLE RESSUSCITER. — CROCODILE ET SUCURLU.

Nous restons à Formosa du 3 au 21 août. Ces dix-huit jours de repos et en même temps de ministère apostolique, au milieu de nos bons Pères, de nos chères Sœurs et d'une population des plus pieuses et des plus sympathiques compteront parmi les meilleurs de notre vie. Nous n'oublierons pas de si tôt, la grande neuvaine préparatoire à la fête de l'Assomption de la très sainte Vierge.

Volontiers je serais resté plus longtemps à Formosa, mais hélas ! il fallait déjà songer à mon retour à Uberaba et en France.

Le bon Père Dominique Carrerot, ayant été repris par les fièvres, il n'eût pas été prudent pour lui d'affronter immédiatement les fatigues d'un nouveau voyage à travers fleuves et forêts.

Il fut donc convenu que je retournerais seul à Uberaba, avec un *camarada* choisi parmi les meilleurs de Formosa. Manoel était son nom.

De Formosa à Araguary, où l'on prend le chemin

de fer pour Uberaba, il y a environ quinze jours de marche à dos de mulet, mais avec un *camarada* tel que Manoel, le projet de gagner quatre ou même cinq jours en doublant les étapes est vite formé. Il suffit de promettre au *camarada* une forte prime pour chaque jour gagné, et de le laisser ensuite tout arranger à sa guise. Manoel, à qui je donne toute autorité et pleine liberté, choisit parmi nos meilleurs animaux, deux mulets de selle, au jarret d'acier, deux forts mulets de charge et deux supplémentaires à tout faire en cas d'accident. En tout, six bons mulets ; à quoi bon s'embarrasser d'un plus grand nombre ?

Le départ est fixé au lundi 21 août, à six heures du matin. Cette heure, un peu matinale, ne convient guère, je le sais, aux bons Pères de Formosa qui ont une autre idée. Ils ne protestent point cependant, laissent dire, mais le lundi matin, à l'heure indiquée, rien n'est prêt pour le départ. Le *camarada*, très ami des Pères, s'est laissé convaincre ou séduire par leurs arguments et peut-être aussi par leurs promesses.

Il se présente avec assurance, et m'explique avec un flot de belles paroles et de grands gestes que ce sont là des accidents qui arrivent à tout le monde ; du reste, conclut-il, ne vous tourmentez pas, nous dînerons avec les Pères et à deux heures, foi de Manoel, nous monterons à cheval. Vous n'y perdrez rien, car je m'arrangerai pour regagner les jours suivants, le temps perdu aujourd'hui.

Je me doutais bien qu'on me ménageait quelque surprise ; mais j'étais loin de soupçonner ce qui allait arriver

Un peu avant deux heures, je me promenais avec les Pères sous le cloître, quand le *camarada*, botté, éperonné, la cravache en cuir de tapir à la main, vint dire solennellement : « *Padre*, tout est prêt, nous pouvons partir. » Aussitôt, la porte du couvent s'ouvre, et que voyons-nous? La grande place de Formosa est pleine de monde, et près de la porte du couvent se trouvent rangés en bon ordre, de vingt-cinq à trente cavaliers, montés sur de jeunes chevaux qui piaffent d'impatience. A notre vue, le même cri sort de toutes les bouches : « Vivent les Pères ! » et d'une même voix ceux-ci répondent : « Vive Formosa ! » C'est le *botafora solennel*.

A l'autre extrémité de la place, s'élèvent le couvent et le collège des sœurs Dominicaines. Religieuses et élèves se profilent au loin comme une blanche apparition et crient, elles aussi : « Vivent les Pères ! » J'avais bien envie de crier : *Vivent les Sœurs!* mais l'étiquette ne le permettait point. Je ne pouvais cependant partir sans aller leur dire un dernier adieu et les bénir encore une fois.

Des yeux, je cherche ma mule *Estrella* et je vois qu'elle est assez loin tenue en laisse par le *camarada* qui fait semblant de ne rien voir et ne répond pas à mon appel. Mais au même moment un des notables de Formosa s'approche, tenant par la bride un jeune étalon, pommelé, superbement harnaché aux couleurs brésiliennes. « *Padre*, dit-il, veuillez nous faire l'honneur et le plaisir d'accepter ce cheval, que nous sommes tous heureux de vous offrir; il répond au nom de *Gavião* (Épervier) et il a l'intrépidité et la vitesse de ce roi des airs. » Ce disant, il tient l'étrier de sa main et m'invite à monter.

L'orateur, né cavalier comme tous les Brésiliens de l'intérieur, ne se doute même pas qu'un Père venu de France, puisse éprouver quelque appréhension à monter ce jeune étalon qui, pendant ce discours, frappe violemment la terre de ses sabots et se cabre dès qu'on veut le toucher.

Heureusement que les longues chevauchées précédentes en forêt et en particulier celles de Porto Nacional à Formosa m'ont aguerri. Je ne suis cependant pas très rassuré ; mais impossible de refuser, il faut s'exécuter. Je caresse la crinière soyeuse de *Gavião*, et choisissant le bon moment je saute en selle, et me voici devant le collège des sœurs Dominicaines. Impossible de leur parler, je suis trop ému, et je sens deux grosses larmes perler à mes yeux. Je les bénis, je bénis aussi leurs élèves et la foule. Les mains les plus rapprochées se tendent, plus loin les mouchoirs blancs s'agitent en signe d'adieu, des acclamations retentissent, et me voilà parti avec la brillante escorte des cavaliers de Formosa. Un nuage de poussière rougeâtre vole et couvre le ciel, mais *Gavião* tient bravement la tête de l'escadron et j'évite ainsi les inconvénients de cette poussière, qui en quelques minutes va recouvrir chevaux et cavaliers.

Vers quatre heures, nous faisons halte à l'ombre d'un bouquet de palmiers pour attendre les mulets qui n'ont pu suivre le galop de nos jeunes chevaux.

Ils apparaissent enfin à l'horizon, et du plus loin qu'*Estrella* voit ou flaire son cavalier, elle se met à hennir. Est-ce de contentement? N'est-ce pas plutôt pour protester contre mon infidélité! Brave et fidèle *Estrella*, sois tranquille, je n'ai nullement l'intention de me séparer de toi avant l'heure, je reconnais les services que tu m'as rendus, et je sais d'ailleurs que les chevaux, quels qu'ils soient, sont incapables de fournir, comme tu vas le faire, douze ou même quinze heures de marche chaque jour sans autre nourriture que l'herbe des campos ou des forêts, broutée à la hâte et au hasard des campements de nuit.

Je descends donc de *Gavião*, et le rendant à son noble maître, je le prie de l'offrir de ma part au Père Dominique Carrerot pour la fazenda de Santa Rosa dépendant de Conceiçao do Araguaya.

Pendant que les cavaliers de l'escorte reprennent au grand trot, le chemin de Formosa, nous nous dirigeons au pas de marche de nos braves mulets vers la ferme désignée comme première halte de la nuit. Nous ne tardons pas à y arriver, sous la conduite du supérieur de Formosa qui a tenu à nous accompagner jusqu'au lendemain.

Les fermiers, prévenus à l'avance, nous attendaient, ainsi qu'un certain nombre de fidèles venus des environs pour assister à la messe et faire la sainte communion. Nous confessons une trentaine de personnes, préparons l'autel pour la messe du lendemain, récitons le chapelet, et le repas est loin d'être prêt. Je viens en effet d'entendre des détonations... ce sont des coups de fusil, tirés par le maître de la maison, pour abattre quelques coqs perchés sur un arbre et qui doivent être servis au repas familial. Il faut donc, le temps de les plumer et de les cuire.

C'est l'inconvénient de ces haltes dans les fermes, et à cela, il n'y a aucun remède, si ce n'est la joyeuse patience. On ne peut en vouloir à ces braves gens, qui heureux et honorés de recevoir le missionnaire veulent sans doute le bien traiter, mais aussi, le garder le plus longtemps possible. Loin de faire diligence pour hâter le départ, ils font tout pour le retarder.

Le repas familial pour les missionnaires et les vingt-cinq ou trente voisins venus pour se confesser, fut des plus gais, et des dix ou douze volatiles abattus à coups de fusil, il ne reste bientôt plus rien.

Vers minuit, les hamacs sont suspendus sous le hangar et en dehors sous les grands arbres. L'expérience m'a appris qu'il vaut encore mieux rester sous le hangar que sous les arbres trop voisins de la casa. Sous le hangar, on voisine, sans doute avec les chiens, les porcs et autres animaux, qui s'obstinent à passer et repasser sous le hamac, bousculant parfois un peu violemment le dormeur, mais dehors sous les arbres voisins de la maison, on est exposé aux projectiles que du haut de leurs perchoirs aériens, poules et coqs font pleuvoir sur les dormeurs inoffensifs. Les gallinacées semblent vouloir venger ainsi la mort de leurs congénères immolés pour fêter les hôtes.

Malgré l'heure tardive du coucher, le lever est fixé à quatre heures, la messe à quatre heures et demie et le départ à six heures.

A six heures précises, le mardi 22 août, le *camarada* et moi montons à cheval, et nous dirigeons vers la forêt lointaine dont la masse sombre se dessine à l'horizon. Les mulets qui ont reçu une bonne ration de maïs filent à bonne allure et vers midi nous arrivons sur les bords d'un *Rio* minuscule mais dont les eaux cristallines nous invitent à faire une petite halte. Nous mettons pied à terre, et pendant que les mulets se désaltèrent, nous mangeons sur le pouce une bonne tranche de *veado* (cerf) rôti restée de la veille, trois ou quatre bons verres d'eau et nous voilà de nouveau à cheval, car il faut bien regagner le temps perdu.

Le soir, à la nuit tombante, nous arrivons à la pauvre *casa* du brave Nicolão, qui a la réputation d'être un grand chasseur devant l'Éternel. Sa spécialité, ce sont les *sucurius*, et les *sucurius* sont d'énormes serpents atteignant de quinze à dix-huit mètres de long, ayant généralement pour repaire les bords marécageux des grands fleuves. Cachés dans la vase ou suspendus aux branches d'arbre et se confondant soit avec la vase, soit avec l'arbre par l'effet d'un mimétisme particulier, ils happent au passage les animaux sans défiance qui vont s'abreuver au fleuve. Ils ont, paraît-il, une prédilection pour les chiens et les jeunes veaux, mais à défaut de ce menu gibier, ils n'hésitent pas à s'attaquer aux vaches et aux bœufs qu'ils enlacent de leurs puissants anneaux, broyant leurs os et les réduisant en bouillie avant de les avaler peu à peu, mais tout d'une pièce sans nullement redouter une indigestion. Le repas dure alors des heures et même des jours, mais le monstre est repu pour un temps assez long, et demeure immobile au soleil ou à l'ombre, peu lui importe, digérant tranquillement sa proie.

A côté de la *casa*, se trouvent de grands arbres, et grâce à Dieu, ils sont veufs de poules et de coqs, j'y suspens donc le hamac, et mes prières achevées, j'écoute Nicolão qui s'est approché et me raconte ses exploits de chasseur, pendant que le *camarada* prépare le repas du soir avec *nos provisions*. Nicolão le chasseur est en effet aussi pauvre en biens de la terre, que riche en exploits de chasse, c'est donc nous qui l'invitons à notre table.

Les chasseurs du Nord, commence-t-il, et en particulier ceux de Porto Nacional dont vous venez, se prétendent les premiers chasseurs du *sertão*, parce qu'ils ont affaire aux grands fauves de la forêt, à des jaguars de forte taille ; mais cette chasse est un jeu d'enfant comparée à celle des *sucurius*, j'en ai tué qui avaient plus de vingt mètres de long et broyaient un bœuf comme on casse un œuf. J'ai consacré ma vie à leur destruction. Je n'aime pas me vanter, car je suis un bon chrétien, mais à vous *Padre*, je puis bien dire la vérité : nul chasseur n'a couru autant de dangers que moi, nul n'a exterminé autant de monstres.

Adolescent, je n'avais encore que seize ans, fatigué d'une longue course en forêt, je faisais paisiblement la sieste près d'un brejo à l'ombre des buritys, quand je suis éveillé en sursaut par une sensation étrange et des plus douloureuses. C'était un *sucuriu* de taille moyenne, qui ayant saisi à pleines dents ma jambe gauche, pendant malheureusement hors du hamac, essayait de m'entraîner vers le *brejo* son repaire, pour m'avaler tout à loisir.

D'instinct, je m'accroche au hamac solidement
amarré aux *buritys* et nous voilà tirant, le serpent
dans un sens, moi dans l'autre. Mais la partie n'était
pas égale, et il était évident, que je lâcherais bientôt
prise et deviendrais la facile proie du monstre. Je
crie, j'appelle au secours, mais c'était bien la voix
criant dans le désert... Sentant que j'allais lâcher
prise, je ferme les yeux et invoque la Vierge Immaculée Nossa Senhora d'Abadia, lui promettant d'aller
en pèlerinage à son sanctuaire et de lui offrir une
arroba de cire. Je n'avais pas plus tôt fait ce vœu,
qu'il me semble entendre comme un galop effréné
venant de la forêt. C'étaient deux cavaliers qui
ayant entendu les cris accouraient à mon appel.
Ils font d'abord lâcher prise au *sucuriu* et de quatre
coups de winchester tirés à bout touchant, broient
la tête du monstre qui ne s'attendait point à pareille
aventure. D'où venaient ces cavaliers? Où allaient-ils?
je n'en sais rien. J'ai toujours cru que leur apparition était miraculeuse.

A partir de ce jour, je vouai une haine féroce à
ces horribles serpents, et je devins chasseur par esprit de vengeance. J'ai appris à connaître leurs
habitudes et toutes leurs ruses; j'en ai tué par centaines; et aujourd'hui Nicolão le chasseur ne craint
plus les serpents, mais les serpents le redoutent.

Tenez si vous le voulez bien, *Padre*, demain, sans
plus tarder, vous pourrez assister à cette chasse et
à la mort d'un *sucuriu;* il y en a un, en effet, qui vient
d'apparaître dans la contrée et à certains indices,
j'estime qu'il est de grande taille et a son repaire
sur les bords du Rio. Allons, vous n'aurez jamais

une occasion pareille, venez avec moi, et surtout n'ayez point peur, car, avec moi, vous n'avez rien à redouter du monstre, j'en réponds sur ma vie. Revenu en France, vous pourrez raconter ce que vous avez vu, et dire à vos chasseurs, ce qu'est Nicolão, le chasseur de *sucurius*.

La proposition est tentante, mais si dès le second jour de marche, je commence ainsi à perdre du temps, j'arriverai en retard à Uberaba, et puis, il faut bien le dire, malgré les belles paroles de Nicolão, je ne suis pas absolument rassuré, et après avoir miraculeusement échappé à tant de dangers, dans le désert, les forêts et les fleuves, au cours de ce long et périlleux voyage qui s'achève, je n'ai nulle envie de servir de déjeuner à un monstre qui, au dire même du bon Nicolão, « broie un bœuf comme on casse un œuf. »

Mais le chasseur a son idée, et le *camarada* qui vient nous avertir que le souper est prêt se joint à lui pour me décider. Le Rio qui sert de repaire au monstre se trouve presque sur notre chemin, il suffit d'un léger détour, on se lèvera un peu plus matin et l'un compensera l'autre. Je cède, et il est convenu, que Nicolão sera le chef et le guide de notre petite troupe pour le lendemain.

Le 23 août, à trois heures du matin, nous sommes tous sur pied. Nicolão qui est un bon chrétien, profite du passage du missionnaire pour se confesser et communier, et, à quatre heures, nous voilà en route vers le Rio, repaire supposé du monstre. Nicolão a chargé son winchester, avec des balles préparées tout exprès pour ces chasses, car, dit-il, avec un gibier comme le *sucuriu* et avec une responsabilité comme la mienne en ce jour, il importe de ne point s'aventurer sans avoir pris toutes les précautions. Ce sont des balles de gros calibre, formées de huit ou dix segments reliés à la pointe par une faible épaisseur. Au sortir du canon et dans l'espace, la balle se comporte comme un projectile ordinaire et unique; mais, dès que la pointe rencontre un obstacle, les segments s'épanouissent en éventail, produisant un déchirement huit ou dix fois plus considérable que ne le ferait une balle ordinaire. Chasser le *sucuriu* avec des balles communes, serait courir les plus grands dangers, car si le monstre est adulte, les balles glissent sur les écailles et ne servent qu'à exciter sa colère, mais une de mes balles tirée posément, de sang-froid, et bien placée peut broyer la tête du premier coup.

Nous traversons un petit bois, nous obliquons à gauche et, au lever du soleil, nous apercevons les *buritys* bordant une petite anse formée par les méandres du Rio, c'est là que doit se trouver le repaire du monstre. Dès ce moment, Nicolao nous recommande le silence le plus absolu, car les serpents ont l'ouïe très fine et il importe de ne point leur donner l'éveil. Grâce à la couleur de leurs écailles ils se dissimulent facilement, sur la rive ou dans la vase et l'œil le plus exercé n'arrive pas à les distinguer.

Nous voici à cent ou cent cinquante mètres du fleuve; les arbres couverts de grandes lianes, les hautes herbes et les broussailles empêchent de bien juger et de préciser les distances. Arrêtez-vous ici, dit Nicolão, je vais avancer seul, et en imitant les aboiements du chien dont le *sucuriu* est friand, j'espère bien l'obliger à révéler sa présence. Surtout, quoi qu'il arrive, pas un mot, pas un geste, ne bougez pas plus que le tronc de ce grand arbre, derrière lequel vous êtes cachés et, Dieu aidant, je réponds du reste.

Le fusil à la main, l'oreille au guet, l'œil sur le fleuve, Nicolão avance à pas de loup et se cache de son mieux, parmi les hautes herbes. Quand il se croit à bonne distance il imite à s'y méprendre les aboiements plaintifs d'un chien qui se trouverait sur la rive et hésiterait à passer. Il attend... rien ne bouge... Nicolão s'accroupit pour mieux disparaître au milieu des hautes herbes et l'arme toujours épaulée, renouvelle les appels plaintifs d'un chien en détresse... et voici que la vase semble remuer mais rien ne paraît encore. La prudence est la qualité maîtresse des serpents du Nouveau, comme de l'Ancien monde. Nicolão renouvelle ses aboiements et lentement au-dessus de la vase émerge une tête énorme et hideuse cherchant à voir ce qui se passe... Nicolão ne lui en laisse pas le temps, un éclair sort de son fusil et la balle a sections va broyer la tête du *sucuriu*. Les anneaux du monstre se détendent, s'agitent pendant quelques instants puis tout retombe dans l'immobilité et le silence de la mort.

Nous approchons alors, avec Nicolão et nous constatons que la tête a été littéralement broyée. A nous trois, nous essayons de tirer le *sucuriu* de la vase et de le mettre sur la rive, mais vains efforts, au jugé, il doit mesurer plus de quinze mètres, et il pèse trop pour nos forces même réunies. Nicolão nous promet cependant de s'arranger après notre départ pour lui enlever la peau et l'envoyer à Uberaba, je pourrai ainsi en enrichir le *Collegio Angelico*, à Rome. Je serre vivement la main de Nicolão et le félicite ; il n'avait pas exagéré, il est vraiment le roi des chasseurs de serpents.

La course matinale à travers la forêt, l'émotion de la chasse, la joie du succès, ont aiguisé l'appétit, aussi nous éloignant un peu de l'anse marécageuse où gît le *sucuriu*, nous nous asseyons sur un tronc d'arbre abattu par la tempête et faisons honneur au déjeuner froid, arrosé de bon café que nous a préparé le *camarada*. Le repas achevé, *Estrella* est vite sellée, et pendant que le *camarada* et le chasseur achèvent d'arrimer les charges, je m'approche du fleuve pour contempler une dernière fois le monstre si prestement expédié de vie à trépas par notre intrépide chasseur.

Je le regarde bien, et à mon grand étonnement, il me semble le voir remuer ; mais je me raisonne et me dis que je suis le jouet d'une illusion d'optique : ce doit être la vase battue par l'eau du fleuve qui remue près du serpent et me produit l'effet contraire, me donnant l'impression que c'est le serpent qui remue. Je m'approche de plus près ; l'illusion n'est plus possible, les algues et feuilles mortes, restent immobiles, c'est bien le serpent qui remue et semble même se rapprocher du Rio. Je fais part de ma remarque et de surprise à Nicolão qui, sans même se détourner, continue à arrimer les charges, se contentant de répondre : *Padre*, le *sucuriu* est mort et bien mort. Dieu seul pourrait le ressusciter et Dieu ne ressuscite pas ces monstres, c'est bien assez de leur avoir donné la vie une première fois. Mais si, mais si, brave Nicolão le *sucuriu* bouge, il nage, venez vite... vite... tenez le voilà déjà presque dans le *Rio*. Par pure condescendance pour le *Padre*, Nicolão arrive, mais sans se presser, il approche et il est bien obligé de constater l'évidence, le fait indéniable, et d'en croire ses yeux... le *sucuriu* bouge et s'en va vers le fleuve. Comme Galilée dont il n'a sûrement jamais entendu parler, Nicolão frappant la terre du pied dit avec conviction, et cependant *Padre* le *sucuriu* est mort, il n'a plus de tête... puis soudain, montrant le poing au fleuve, il s'écrie... Oh ! le brigand, oh ! le voleur, oh ! le scélérat, il me vole mon bien... Je regarde et je vois un superbe crocodile qui ayant saisi le mort à pleines dents l'emportait dans le fleuve et était déjà dans le courant. Entendant nos cris, il plonge et disparaît avec sa proie.

Nicolão ne se consolait point de la mésaventure et se frappait la tête, il ne cessait de répéter : Et dire que si j'étais accouru à votre premier appel les choses ne se seraient point ainsi passées.

Consolez-vous, brave Nicolão, il n'y a point de votre faute, et cela ne vous empêche pas d'être le premier chasseur du Brésil et du monde. Vous tuerez un autre *sucuriu*, et vous enverrez sa peau à nos Pères d'Uberaba, qui à leur tour l'enverront à Rome pour le *Collegio Angelico* avec cette mention « Monstre tué par le chasseur Nicolão. » Quant au crocodile, vous réglerez son compte une autre fois.

A ces paroles de consolation, j'ajoute un bon verre de *cachaça*, pour lui et pour le *camarada*, et montant à cheval, je reprends à bonne allure la marche en avant pour arriver avant la nuit au lieu fixé pour le campement.

CHAPITRE XIV

LA CASA DES FIÉVREUX. — UN CALCUL INTÉRESSÉ QUI A FAILLI COUTER CHER A L'AUTEUR. — FACE A FACE AVEC UN TAUREAU SAUVAGE. — MONTAGNE DES CRISTAUX. — PASSAGE DU CORUMBA. — NUIT AGITÉE SUR LES BORDS DU FLEUVE. — APPELS PLAINTIFS DANS LA NUIT. — ENCORE UN « SUCURIU ». — MYSTÉRIEUSE DISPARITION. — —LES FOURMIS VOLEUSES.

Le soir, un peu avant le coucher du soleil, après une journée des plus fatigantes, nous arrivons à une pauvre *casa*, dont les habitants sont tous pris par la fièvre. Je leur donne quelques cachets de quinine habilement dosés par les Pères de Formosa, et c'est pour ces braves gens une fortune inespérée.

En reconnaissance, ils voudraient bien nous inviter, mais pour le faire, l'essentiel leur manque. Ils n'ont rien, absolument rien. C'est donc nous qui les invitons à partager nos provisions. Le *camarada* se met aussitôt à préparer le riz et la *carne secca* pour le soir, la *feijoada* pour le lendemain.

J'ai déjà eu occasion de dire ce que sont quelques-unes de ces pauvres *casas* du *sertão*, mais quoi qu'on puisse écrire et essayer de peindre, le lecteur n'arrivera jamais à se faire une idée exacte de la

14

chose et restera toujours en deçà de la vérité. La partie destinée aux hôtes n'est séparée de la cour que par une mauvaise palissade, dont la porte fermée par quelques roseaux entrelacés ne ferme rien et cède au moindre choc, donnant libre accès à qui veut entrer, homme ou animal.

Dans cet espace de quatre ou cinq mètres de long sur un peu moins de large, au sol mal égalisé, avec ici un grand trou, là un monticule, le missionnaire doit ranger ses pauvres effets, dresser l'autel pour la célébration de la messe et suspendre son hamac; si les pieux de la palissade ne lui paraissent point assez solides il n'aura qu'à s'étendre par terre sur un cuir de bœuf.

Encore, si le missionnaire était seul avec son *camarada* à jouir de ce mauvais abri, ce serait un moindre mal; mais là viennent d'abord s'entasser tous les êtres humains que renferme la pauvre *casa* : hommes, femmes et enfants, heureux et honorés de recevoir le *Padre*, ne le quittent pas des yeux et ne perdent point une de ses paroles. Témoigner à ces braves gens qu'on est un peu fatigué, qu'on désirerait rester un peu seul pour prier et reposer, serait leur faire une grande peine et cela on ne le peut pas. Mais les êtres humains ne sont pas les seuls à visiter le missionnaire et à avoir droit de cité dans cette seule et unique pièce. Tout ce que la cour renferme d'animaux domestiques et autres, entre librement par la porte restée ouverte ou forcée. Il y a donc des chats rogneux et pleins de vermine, des chiens galeux et affamés, maigres comme des clous, de petits cochons à demi sauvages, audacieux et entreprenants comme de vrais fauves. Pour quelques miettes à ramasser, pour un os à ronger, pour un rien, toute cette gent famélique se livre de terribles combats et, s'il n'y prend garde, le missionnaire pourrait bien recevoir le dernier coup de dent ou de griffe destiné à l'adversaire.

Levé à trois heures du matin, fatigué par une longue journée de marche, la perspective d'avoir à passer une nuit en pareille compagnie ne me sourit guère, je l'avoue à ma honte. Aussi, sous l'honnête prétexte que je préfère le grand air et ne crains nullement la fraîcheur de la nuit, je vais suspendre le hamac à un bouquet de grands arbres qui se trouvent à environ deux cents mètres de la *casa*, à trois ou quatre cents de la forêt voisine. Leurs branches touffues et leur dôme de verdure me garantissent de la rosée de la nuit, ce sera un gîte idéal.

Mon fidèle *camarada* vient m'aider à choisir l'emplacement et à suspendre le hamac. Il ne voit qu'avec peine que je m'éloigne ainsi de la *casa*, et comme le vent commence à souffler assez fort, il insiste pour que je ne reste pas isolé toute la nuit, mais voyant bien vite qu'il ne gagnera rien, il vérifie les attaches du hamac, me souhaite bonne nuit et s'en retourne à la *casa*.

Quant à moi, ayant récité à genoux le *Salve Regina*, je passe selon l'habitude le rosaire autour du cou et, bercé par le vent dans le hamac aux grandes rayures jaunes et rouges, je m'endors bien vite sous la protection de Marie Immaculée et le regard des saints anges. En pareille compagnie que pourrais-je donc craindre. *Angelis suis Deus mandavit de te.*

Quant je m'éveille, le vent a cessé de souffler ; ma montre marque trois heures ; le réveil n'étant fixé qu'à quatre heures et demie, il reste juste le temps voulu pour faire un petit somme. Mais voici qui va me tenir éveillé et me faire vivement regretter de n'avoir point suivi les sages conseils du *camarada*.

Un troupeau de vaches doit probablement se trouver dans ces régions, car, à une vingtaine de mètres environ, autant qu'il m'est permis de juger à la lueur incertaine des étoiles, je vois un des taureaux préposés à leur garde. C'est un superbe zébu, aux grandes cornes effilées comme des aiguilles, combatif, à demi sauvage comme tous ses congénères importés des Indes et vivant ici dans le désert. Comment est-il là ? que me veut-il ? Je ne le devine que trop. Il se sera éloigné un peu du troupeau de vaches et, maintenant, les grandes rayures jaunes et rouges de mon hamac attirent son attention et excitent sa colère. Les zébus des Indes, tout comme les taureaux d'Espagne, foncent sur le rouge dès qu'ils l'aperçoivent.

Celui-ci respire bruyamment, bat la terre de ses pieds… il va peut-être s'élancer… Que faire ? essayer de fuir n'est pas possible, je n'aurai pas fait trois pas que le zébu sera sur moi. Appeler au secours le *camarada* et le fermier, ils ne m'entendront peut-être pas, et puis mes cris risquent d'exciter encore la fureur du zébu et je serai éventré avant que le secours arrive. Pendant que je fais ces réflexions, j'entends la respiration bruyante du taureau, les coups de sabot qui frappent le sol ; s'il s'élance sur les rayures rouges du hamac, je suis proprement enfourché, sans avis préalable et sans moyen de résistance.

Une idée me vient ; j'essaie, tout doucement, en m'arc-boutant sur les talons et sur la nuque, de m'approcher insensiblement de l'attache du hamac à l'arbre, espérant pouvoir saisir cette attache avec les mains, monter sur l'arbre et être ensuite hors d'atteinte des cornes du taureau. Quelque précaution que je prenne pour dissimuler mes mouvements, le zébu les perçoit probablement, car il pousse un rugissement terrible... Ça y est, me dis-je, et, recommandant mon âme à Dieu, je serre plus fortement le rosaire contre mon cœur.

Ce mugissement qui me fit tant peur, et que j'entends encore en écrivant ces lignes, fut mon salut. Le *camarada* et le fermier l'entendent et devinant ce qui se passe ils accourent aussitôt. Avec l'intrépidité et l'adresse des *ganaderos* espagnols, de loin même, l'un avec une pierre, l'autre avec un morceau de fer ils frappent le taureau, et l'éloignent sans trop de difficulté. Je les remercie avec effusion et rentre avec eux à la pauvre *casa*, n'ayant nulle envie de rester encore seul exposé à des retours offensifs du *zébu* que nous entendons mugir dans la forêt.

Je célèbre la sainte messe en actions de grâces et à six heures le *camarada* et moi sommes en route vers la montagne des cristaux. Quelques familles allemandes sont venues se fixer dans la région et ont formé et bâti une jolie petite ville, dans le but d'exploiter la montagne et de faire le commerce des cristaux remarquables, paraît-il, par leur grosseur et leur pureté.

Nous laissons la petite ville à gauche, n'ayant ni le temps ni le désir de nous y arrêter et nous piquons droit sur le fameux Corumba, un des grands affluents du Paranahyba. Nous arrivons heureusement avant la nuit, car le passage est assez périlleux.

Les eaux torrentueuses du fleuve coulent au fond de la vallée très profonde avec un bruit sinistre ajoutant encore à l'horreur de ces lieux si sauvages. Au seul endroit où l'on puisse affronter le passage, la vallée se rétrécit considérablement sur un espace de deux ou trois cents mètres, formant comme un canal de granit dont les parois taillées à pic peuvent avoir une cinquantaine de mètres de hauteur. Le Corumba, mécontent de la contrainte qui lui est faite, bat furieusement les rochers, et ses flots courroucés ici jaillissent en gerbes d'écume, là retombent en cascade avec un fracas de tonnerre et se précipitent, pressés de quitter ce canal qui les gêne. C'est au-dessus de cet abîme qu'il faut passer et passer vite car la nuit approche et en ces contrées elle vient subitement sans crépuscule.

Entre les deux rives un grand arbre a été jeté. Grossièrement équarri à coups de hache il forme un pont de 50 à 60 centimètres de large : pont mal assis, branlant, incurvé vers le milieu qui ne m'inspire aucune confiance, et je me demande comment nos mulets pourront jamais le passer. Mais l'heure n'est ni à l'hésitation, ni aux longues délibérations, et le plus simple est de m'en rapporter à la décision du *camarada*. Manoel, qui a deviné ou lu dans mes yeux toutes mes appréhensions, me rassure aussitôt. *Padre*, dit-il, ne craignez rien, les mulets de la caravane sont tous de vieux routiers, ils ont l'œil plus exercé et le pied plus solide que nous et ils passeront sans hésitation aucune au-dessus du gouffre. Tenez, vous allez voir ; ce disant, il approche de la tête du pont — puisque pont il faut l'appeler — le premier *cargueiro* (mulet de charge), caresse son encolure et lui donnant ensuite une légère tape sur la croupe, le pousse en avant, l'excitant amicalement de la voix : « Allons, mon vieux, montre au *Padre* ce dont tu es capable ; » et comme s'il eût compris, fier du rôle qu'on lui fait jouer, le mulet passe d'un pas relevé et faisant sonner la sonnette. Le pont branle bien un peu, fait même entendre quelques petits craquements, mais le mulet n'en a cure, arrive triomphalement sur la terre ferme et se met à brouter l'herbe tendre de la vallée.

Vous voyez bien que j'avais raison, dit le *camarada* ; par exemple, il vaut mieux ne passer qu'un à la fois, pour ne point surcharger le pont et ne pas lui imprimer de trop forte secousse, car l'arbre est un peu vermoulu et il pourrait céder sous le poids. Passez d'abord, *Padre*, afin de recueillir les mulets au fur et à mesure qu'ils arriveront sur l'autre rive et les empêcher de se disperser. Je reste ici pour diriger le mouvement et empêcher toute précipitation ou toute bousculade qui serait fatale.

Prenant *Estrella* par la bride, il veut l'approcher de la tête du pont. Je l'arrête et me dispose à mettre pied à terre, car je crains d'avoir le vertige en chevauchant ainsi sur l'abîme, au fond duquel on entend le bruit assourdissant et sinistre des flots du Corumba se brisant contre les rochers.

Mais, Manoel, avec la décision et l'autorité que les vrais *camaradas* savent prendre aux heures du danger : Non, *Padre*, non, ne descendez pas, je réponds de vous sur mon honneur de *camarada* et c'est moi qui commande. Vous ne seriez pas arrivé à moitié pont que la vue de l'abîme, le bruit des flots vous auraient donné le vertige, ce serait la chute fatale et la mort. Restez donc sur *Estrella* dont je connais la valeur. Pour faire des sermons, j'ai en vous la plus grande confiance, mais pour passer un pont branlant suspendu au-dessus de l'abîme, j'ai plus de confiance en *Estrella* qu'en vous. Allons, n'hésitez pas, rendez les rênes à votre mule, après cela accrochez-vous des deux mains à la selle, fermez les yeux si vous voulez, mais ne bougez pas.

Allons, *Estrella*, montre au *Padre* ce que sont les mulets du *sertão*.

Il fut fait comme voulait le *camarada* et, vingt minutes après le passage du premier *cargueiro*, nous étions tous, hommes et mulets, sur la rive opposée, heureux d'avoir franchi sans accident ce passage périlleux du Corumba.

Un grand feu est allumé et sera soigneusement entretenu, car ces lieux si déserts et si sauvages pourraient bien être le repaire des pires ennemis : grands fauves de la forêt, serpents, oiseaux de proie et autres *bichos* malfaisants. Impossible de suspendre les hamacs, et cela vaut peut-être mieux, car étendus côté à côte, sur un cuir de bœuf, nous serons plus vite debout en cas d'alerte. Après le *Salve Regina*, nous ne tardons pas à nous endormir paisiblement, malgré le bruit des grandes eaux.

A une heure du matin, la fraîcheur et la rosée très abondante me réveillent. J'entends à côté de moi le ronflement sonore du *camarada*, plus bas le fracas de tonnerre des eaux du Corumba, et, dans le lointain, comme des appels plaintifs et prolongés qu'on dirait poussés par des voix humaines. Après m'être assuré que je ne rêve point, et que ce sont bien des appels humains, je me décide à réveiller le *camarada* qui, la conscience bien tranquille, continue à ronfler. Il écoute à son tour et nous rassure en disant que ces cris sont poussés par de grands oiseaux de proie, dont le nid doit se trouver au creux des rochers surplombant le Corumba. J'accepte l'explication pour ce qu'elle vaut ; en réalité je demeure convaincu que ces appels plaintifs et prolongés sont des appels humains. Maintenant d'où viennent-ils ? Il est peu probable que d'autres voyageurs se trouvent la nuit dans ces parages.

Ces cris ne seraient-ils point jetés comme un perfide appel par des Peaux-Rouges en quête d'aventures ? Inutile de chercher à le savoir en discutant avec le *camarada*, car s'il y a un vrai danger de ce côté, il ne nous livrera point sa pensée intime.

Tout en causant, Manoel s'est levé et pousse dans le feu quelques troncs d'arbre à demi-calcinés, provision plus que suffisante jusqu'au réveil. La flambée qui se produit éclaire le campement et le *camarada* voit alors tous nos mulets qui au lieu d'aller brouter le plantureux capim de la vallée se sont rapprochés et se trouvent là groupés à quelques pas du foyer. Oh! Oh! qu'est-ce donc, s'exclame-t-il? Ce n'est sûrement pas à cause des oiseaux de proie que les mulets se rapprochent ainsi; ce n'est pas non plus pour se chauffer et nous tenir compagnie; il y a cependant une cause, car leur instinct ne les trompe jamais. Quand ils flairent un grand danger, ils se groupent pour se prêter un mutuel appui et se rapprochent du campement comme pour se placer sous la protection de l'homme. Ils auront flairé un jaguar; ceux des bords du Corumba et des forêts voisines sont réputés pour leur force et leur audace, mais avec une arme à répétition comme la mienne, nous n'avons rien à craindre. Je serais même heureux que le jaguar se montre, car j'aurais le plaisir de vous offrir sa peau, mais ce grand feu le tiendra à distance.

Le *camarada* achevait à peine ces mots quand, du fond des abîmes où coulent les flots du Corumba, monte un bruit aussi étrange que puissant, tenant à la fois du mugissement du taureau et du grognement du porc sauvage. Les mulets se rapprochent et donnent des signes non équivoques de frayeur.

Ah! je comprends maintenant, dit Manoel, la cause de la peur de nos animaux. Il ne s'agit plus de grands oiseaux de proie ou de jaguars, mais d'un monstre autrement redoutable contre lequel ni le feu, ni les balles dont j'ai chargé mon winchester ne sauraient nous défendre. Il s'agit d'un *sucuriu* dont le repaire se trouve dans ces gouffres du Corumba, et à la puissance de son grognement

je vois qu'il doit être vieux et de grande taille.
Heureusement que Nicolão, le chasseur de serpents,
m'a donné quelques balles à sections, c'est plus
qu'il n'en faut pour notre défense et la mort du
monstre. Aussitôt, le *camarada* enlève les cartouches
ordinaires remplissant le magasin de son arme,
le remplace par les balles sectionnées, présent providentiel de Nicolão, et maintenant conclut-il, nous
pouvons attendre en paix, mais il importe de ne
point nous endormir et de faire bonne garde.

Le monstre comprit-il la réception qu'on lui ré-
servait? Trouva-t-il dans les gouffres du Corumba
une proie plus facile? Je l'ignore, mais sa voix ne
se fit plus entendre.

A quatre heures, je célèbre la messe de saint Louis,
roi de France (25 août), lui demandant de bénir
notre chère patrie, de veiller sur elle afin qu'elle
soit toujours une pépinière de missionnaires, d'apôtres
allant jusqu'aux extrémités du monde, faire connaître et aimer les noms à jamais bénis de Jésus
et de Marie, ainsi que le nom de la douce France.

A six heures, nous escaladons — c'est bien le
mot — les pentes abruptes de la montagne surplombant le Corumba. Après plus de deux heures d'une
pénible ascension, pendant laquelle je dois plus
d'une fois m'accrocher à la crinière d'*Estrella*, pour
ne point tomber à la renverse, nous arrivons enfin
au sommet du plateau, d'où le fleuve n'apparaît
plus que comme une ligne tantôt bleue, tantôt
blanche, serpentant au fond de la vallée.

A midi et demi, nous voici sur les bords d'un *rio*
minuscule, dont les eaux coulant à l'ombre de grands

palmiers sont exceptionnellement claires et limpides. A peine quelques centimètres d'eau sur un lit de petits cailloux roses et bleus. L'occasion me paraît excellente pour tremper les pieds dans l'eau, ne fût-ce que quelques instants, et laver en même temps les grands bas qui ont déjà reçu plus d'une éclaboussure ; un quart d'heure de ce soleil tropical suffira à les sécher. Le *camarada* voyant bien, par la disposition des lieux, qu'il n'y a aucun danger, me laisse faire.

Les grands bas, montant bien plus haut que le genou, sont vite lavés, est-ce bien lavés qu'il faut dire ? Faute de savon, je les trempe simplement dans l'eau à plusieurs reprises, les tordant consciencieusement à chaque fois, les retrempant et les retordant encore, finalement je les étends au grand soleil, sur une espèce de buisson aux branches sèches comme des allumettes suédoises.

Après le repas, composé comme d'habitude de riz et de *carne secca*, j'estime que les bas sont plus que secs et je vais les reprendre avant d'enfourcher ces grandes bottes qui m'ont rendu tant et de si signalés services. Je retrouve bien le buisson, mais j'ai beau regarder, je ne vois point mes longs bas. Pourtant, je ne me trompe pas, je suis certain, ce qu'il y a de plus certain, d'avoir étalé soigneusement mes grands bas sur ce buisson aux branches desséchées, de les avoir même attachés, pour plus de sûreté, à une branche morte. L'erreur n'est pas possible, je me souviens très bien d'avoir choisi ce buisson desséché, de préférence aux arbustes verts qui sont tout à côté, craignant que leur sève ou quelque glu perfide ne les macule à tout jamais; et cependant je suis bien obligé de me rendre à l'évidence, les bas ont disparu. Les mulets paissent au loin, il n'y a pas le moindre souffle de vent, d'ailleurs les bas étaient attachés, nous sommes seuls, le *camarada* et moi dans ce désert et le *camarada* n'a pas bougé d'auprès de la marmite où cuisaient le riz et le *carne secca*. Quel est donc ce mystère? — Je fais part de ma surprise à Manoel, il arrive et a vite fait de découvrir la clef du mystère.

Padre, qu'avez-vous fait? Ce que vous avez pris pour un buisson desséché et pour séchoir modèle, n'est autre chose qu'un nid de grosses fourmis *carregadoras* qui se sont emparées de vos bas. Je lui réponds que je ne vois pas bien ce qu'elles peuvent ou veulent en faire, qu'en tout cas *res clamat domino* et qu'il faut vite les reprendre.

Le *camarada*, qui connaît mieux les mœurs des *bichos* du *sertão* que le latin, répond : reprendre vos bas? mais c'est absolument impossible; tenez, regardez de plus près et vous verrez ce qu'ils sont devenus. Je me penche et à travers les branches mortes je vois des milliers et des milliers de fourmis affairées, ayant chacune entre les mandibules un petit morceau de bas d'un ou deux centimètres carrés et l'emportant au fond de la fourmilière. Une demi-heure leur avait suffi pour accomplir cette œuvre que j'appelais une œuvre de destruction et de brigandage et que les fourmis devaient appeler, dans leur langage, une œuvre d'édification ou de ravitaillement.

Comme je me lamentais, le bon *camarada* me

consola en me disant que pareille aventure et même pire, était arrivée à mon vénéré et si regretté prédécesseur, avec lequel il voyageait en compagnie d'un autre Père. Ayant beaucoup sué pendant la journée, le Père avait, avant de se coucher, suspendu sa chemise aux branches d'un arbre ; le matin venu, il ne restait de la chemise que les grands boutons en nacre ; cette même espèce de fourmis avait tout détruit et emporté.

Que le lecteur ne crie pas à l'exagération. Je ne puis évidemment garantir l'histoire de la chemise, dont je n'ai pas été le témoin, mais celle des bas, que je viens de raconter, est ce qu'il y a de plus authentique, j'en ai été le témoin et la victime.

J'ai, du reste, déjà raconté comment ces fourmis *carregadoras* accomplissent, en quelques heures, des œuvres autrement difficiles que l'enlèvement d'une paire de bas. En une seule nuit, elles dépouillent les géants de la forêt de toute leur verdure.

Une première équipe monte sur l'arbre et tranche de ses mandibules le pédoncule des feuilles qui tombent sur le sol ; une seconde équipe les découpe régulièrement en petits morceaux, qu'une troisième équipe emporte aussitôt à la fourmilière. Le matin venu, il ne reste plus une seule feuille sur l'arbre, et cela j'ai pu maintes fois le constater de mes propres yeux.

Un peu déridé par l'histoire que me raconte le *camarada*, je me console en disant que bien pire aurait pu m'arriver. J'ouvre ma pauvre *canastra* et j'en retire la seule paire de bas qui me reste, me promettant d'être à l'avenir plus circonspect.

Vers six heures, nous arrivons à un campement idéal, près d'un *brejo* aux eaux fraîches et claires et au *capim* vert et abondant pour nos mulets. La soirée et la nuit nous furent ainsi une compensation pour les fatigues de la journée et les émotions de la nuit précédente passée sur les bords du Corumba.

CHAPITRE XV

LONGUE CHEVAUCHÉE. — RECETTE EFFICACE CONTRE LES MALADIES D'ESTOMAC. — MONOTONE ET PÉNIBLE JOURNÉE. — L'EAU STAGNANTE ET PUTRIDE DES MARES. — FILTRE NOUVEAU MODÈLE. — PAO-TERRA ET FOURMIS. — INSTINCT OU INTELLIGENCE? — THÉORIES DIVERSES, DOCTRINE DE SAINT THOMAS D'AQUIN. — DRAME DANS LE DÉSERT, COMBAT SINGULIER ENTRE RONGEUR ET ARAIGNÉE. — PASSAGE DU PARANAHYBA. — ARRIVÉE CHEZ DONA MARIA, SON HOSPITALITÉ. — RETOUR A LA FAZENDA DU MAJOR JUSTINO. — DÉPART D'ARAGUARY. — DERNIERS ADIEUX. — RECONNAISSANCE ET VŒU SUPRÊME A MARIE IMMACULÉE.

Le samedi 26 août, je célèbre de grand matin la messe privilégiée du très saint Rosaire et avant six heures nous sommes en marche. L'étape sera dure et longue, dit le *camarada*, car il nous faut arriver avant la nuit à une ferme qui, d'après ses calculs, doit se trouver à dix ou douze lieues brésiliennes, ce qui veut dire que nous aurons à faire de soixante-dix à quatre-vingts kilomètres sous un soleil de feu. Il n'y a cependant pas à hésiter, car cela permettra aux gens de la *casa* et des environs de profiter du passage du *Padre* pour

15

entendre la sainte Messe, se confesser et communier.

Vers midi, nous arrivons à un *brejo* dont l'eau claire et les palmiers semblent nous inviter à une bonne halte ; cependant, pour gagner du temps, nous décidons d'un commun accord de ne point faire cuire le riz et de nous contenter d'une tranche de *carne secca* grillée promptement comme suit : on l'enfile au bout d'une branche verte et on la tient dans la flamme pendant quelques minutes. La *carne secca* ainsi grillée ressemble assez par la couleur et la dureté à une vieille semelle de soulier. Pour la mastiquer convenablement, il faudrait des dents de jeune jaguar. Il y a cependant un moyen très simple d'en venir à bout : c'est de la couper en morceaux très menus qu'on avale sans les mâcher. On boit ensuite deux ou même quatre grands verres d'eau du fleuve, une bonne tasse de café, on chevauche pendant cinq ou six heures au grand soleil et tout est dit. Je donne la recette comme infaillible aux estomacs délicats. Ici, au désert, avec ce système, on ignore ce que c'est qu'une indigestion et une maladie d'estomac.

A cinq heures et demie, nous voyons à l'horizon une pauvre *casa*. Le *camarada* sonne de la *busina* pour annoncer notre arrivée et bientôt nous sommes dans la cour de la ferme. Selon la tradition sacrée, expliquée ailleurs, nous demandons l'autorisation de mettre pied à terre au maître de la maison, qui l'accorde volontiers et vient même par déférence pour le *Padre* tenir la bride et l'étrier d'*Estrella* pour m'aider à descendre.

Après les premières salutations, Bonifacio ne s'at-

tarde point à des compliments inutiles, il a œuvre
plus pratique et plus apostolique à faire. Vite, il
s'informe de l'heure de la messe pour le lendemain,
et aussitôt deux de ses fils partent dans des directions opposées prévenir les voisins. Quand je dis
des voisins, il faut entendre cette expression dans
un sens tout à fait relatif. Il y en a qui se trouvent
à vingt ou vingt-cinq kilomètres. Il y en a même un
qui se trouve à plus de quarante kilomètres, et
aller et retour cela fait un minimum de quatre-vingts
kilomètres à travers le désert et dans la nuit. A ce
dernier, Bonifacio envoie un cavalier spécial, un
jeune *boy* d'à peine une dizaine d'années, à qui il
confie le cheval le plus rapide de la ferme. La lé-
gèreté de l'enfant, la vitesse du coursier compenseront
la distance.

A deux heures du matin, arrivent déjà quelques
cavaliers ; à quatre heures, on est au complet. Après
la messe, café traditionnel distribué à la ronde par
le maître de la maison avec de chauds petits gâteaux
de farine de *manioc*, et nous voici en marche à travers les hautes herbes. La journée est des plus mo-
notones et des plus fatigantes. Le soleil est si ardent
que les pieds et les jambes semblent cuire à l'étouffée
sous le cuir de nos grandes bottes, et nulle part
si loin que porte la vue nous n'apercevons trace
d'être vivant. Rien, absolument rien, ne vient dis-
traire cette immense et morne solitude. Nulle forêt,
pas de palmiers, point de cours d'eau. C'est tout au
plus, si vers une heure et demie du soir, au moment
où le soleil est le plus ardent, nous trouvons dans
le lit desséché d'un *rio* une petite mare d'eau crou-

pissante et infecte où les mulets puissent se désaltérer. Ils ne le font même qu'après bien des hésitations et une visible répugnance.

Le *camarada* et moi, hésitons plus encore que les mulets, car, en nous penchant, nous voyons grouiller dans cette mare des légions de têtards et de larves à espèce inconnue, aux formes les plus bizarres, et en buvant cette eau, il nous sera bien difficile de ne point avaler quelques-uns de ces parasites dont la seule vue nous fait horreur. Cependant la soif est telle, et telle aussi l'incertitude, où nous sommes de trouver plus loin une eau potable, que nous nous décidons de faire comme nos mulets. L'eau du reste doit être potable, puisqu'ils la boivent ; il faut seulement prendre quelques précautions pour ne pas avaler les têtards de grenouille ou de crapaud, les larves et autres *bichos* malfaisants qui peuplent cette mare. Nécessité est ingénieuse ; un filtre nouveau modèle est vite imaginé.

Je tends un bon mouchoir de poche blanc au-dessus de la grande corne de bœuf qui nous sert de verre, le *camarada* puise l'eau dans la mare avec son chapeau de cuir, la verse sur le mouchoir et l'eau ainsi filtrée tombe dans la corne de bœuf. Après l'opération, il y avait dans le mouchoir des centaines de têtards et de larves se débattant comme de petits poissons dans une épuisette. L'eau ainsi rapidement filtrée fut trouvée un peu chaude c'est vrai, mais somme toute assez bonne.

En écrivant ces lignes, j'entends les exclamations des savants et des savantes diplômées de la Croix-Rouge. Pauvre Père, mais vous ne savez donc pas

que les microbes, les bacilles les plus redoutables
pour l'organisme passent à travers le tissu du mouchoir de poche aussi facilement qu'un loup passe
par la porte ouverte de la bergerie? Mon Dieu,
je le sais bien, mais je sais aussi que le Bon Dieu
a placé dans notre organisme assez de bons microbes
pour livrer victorieusement bataille aux mauvais.
L'expérience est là pour affirmer que, depuis près
d'un demi-siècle que nos vaillants missionnaires
évangélisent ces régions, ils ont tous bu de cette
même eau, dans les mêmes conditions et n'ont jamais
été malades.

Le soir, à la tombée de la nuit, le paysage change
et nous apercevons dans le lointain la masse sombre
des grandes forêts, mais impossible d'y arriver, la
nuit vient vite, et d'ailleurs nos mulets très fatigués
réclament le repos. Nous nous décidons à camper
en rase campagne. Il y a bien là tout près de nous
quelques arbres rabougris et, plutôt que de coucher
par terre sur un cuir de bœuf, je me dispose à y suspendre le hamac, mais le *camarada* s'y oppose énergiquement. Gardez-vous-en bien, dit-il, car vous
auriez doublement à le regretter : la branche casserait
et vous seriez envahi par les fourmis.

Bien souvent, au cours de mon voyage à travers
le *sertão*, j'ai rencontré de ces petits arbres rabougris
à couleur indécise, d'un blanc ou d'un gris tirant sur
le jaune. De loin, ils ressemblent assez à de petits
chênes-liège, mais en réalité ils sont bien autre
chose. On les appelle vulgairement : *páo terra*, arbre-
terre, et ce nom expressif peint bien la réalité, ils
sont des arbres remplis de terre, de *vraie terre*. Mais

cette terre qui donc l'a placée dans le tronc de l'arbre?

Ce n'est sûrement pas la sève qui en montant a aspiré cette énorme quantité de terre, ce ne sont pas non plus les rares voyageurs qui se sont attardés à ce travail de mort, car l'ascension de la terre est là mort de l'arbre. Cette terre remplit cependant le tronc et parfois les branches de l'arbre. Qui donc l'y a mise?

Voici ce qui est arrivé. Par un accident quelconque, un trou a été creusé au tronc de l'arbre peu résistant d'ailleurs. Des fourmis spéciales à ces régions chaudes sont alors venues, agrandissant le trou, évidant le tronc et ne lui laissant qu'une légère couche de bois sous l'écorce, juste ce qu'il en faut pour que l'arbre tienne debout. Ce premier travail accompli, les fourmis remplissent ces cheminées de terre et y établissent leur demeure.

Creuser ainsi le tronc d'un arbre est un travail de patience ; mais ni la patience, ni le temps ne manquent aux fourmis du désert. La division du travail, et l'ordre parfait dans lequel il est accompli, facilitent d'ailleurs et hâtent l'exécution. Des équipes spéciales se partagent le travail, et les galeries ainsi creusées se rejoignent toujours avec une précision géométrique qu'on ne saurait trop admirer. Des ingénieurs sortis de Centrale ou de Polytechnique n'auraient pas mieux dirigé les travaux.

De savants entomologistes ont écrit des pages admirables sur l'instinct et les mœurs des insectes, sur la perfection des travaux accomplis par eux sans d'autres instruments que leurs mandibules et

leurs pattes souvent grossières et parfois malhabiles.
Considérant, d'un côté, l'imperfection des instruments de travail, de l'autre, la perfection, le fini, la
délicatesse de l'ouvrage, que ne sauraient reproduire
nos plus habiles ouvriers, ils se sont demandés si
l'insecte n'avait pas une intelligence et, en certains
cas, une intelligence supérieure, car, en bonne lo-
gique, il faut bien conclure de la perfection de l'œuvre
à la perfection de l'ouvrier.

Les uns n'ont pas hésité à accorder cette intelligence à l'insecte ; les autres, tout en restant en admiration devant la perfection de l'œuvre, ont hésité
et finalement se sont abstenus de conclure. La conclusion s'imposait cependant, ces œuvres si bien
ordonnées, si fines, si délicates, si bien appropriées
à leur fin, supposent une connaissance de cette fin
et une intelligence. Mais cette intelligence, où la
placer? dans le petit cerveau de l'insecte?... Non,
mais dans Celui qui a fait l'insecte et lui a donné
ses admirables facultés, en Dieu.

Saint Thomas d'Aquin illustre cette doctrine par
un argument et une comparaison que je ne crois
pas inutile de résumer ici : la flèche, dit-il, lancée
par une main puissante et habile, atteint le but
non qu'elle connaisse ce but, mais uniquement parce
qu'elle obéit à l'impulsion donnée par le chasseur
qui, lui, voit et connaît le but à atteindre. Les aiguilles
d'une horloge marquent l'heure précise, non qu'elles
aient une connaissance quelconque du temps et de
l'heure, mais parce qu'aiguilles et rouages ont été
fabriqués et ordonnés par un ouvrier intelligent.
Le but atteint par la flèche, l'heure marquée par les

aiguilles réclament de toute nécessité une intelligence, mais l'intelligence se trouve dans le chasseur et dans l'horloger, non dans la flèche ou l'horloge. De même l'insecte construit un ouvrage avec une perfection achevée, parce qu'il exécute ce qui a été ordonné par le *Suprême Artiste* qui, *Lui*, dans son intelligence infinie, connaît le but à atteindre et les moyens à employer, et ce *Suprême Artiste* c'est Dieu Créateur et Ordonnateur de toutes choses. 1ʳ 2 13ᵃ ad 3ᵐ.

Mais assez philosopher, revenons prosaïquement à notre campement en rase campagne. Après le *Salve Regina*, nous nous étendons, le *camarada* et moi, côte à côte sur un cuir de bœuf, et bientôt nous nous endormons paisiblement sans autre préoccupation que celle d'entretenir le grand feu du campement.

Le lendemain, la messe est célébrée de grand matin, et après la messe, le *camarada* tout joyeux, sert une double ration de café en y ajoutant deux petits gâteaux de manioc, les seuls qui nous restent des provisions préparées par les bonnes sœurs Dominicaines de Formosa. *Padre*, dit-il, nous devons prendre des forces, car aujourd'hui nous ne dînerons point. Je connais l'étape ; vers midi nous nous arrêterons sur les bords d'un affluent du Paranahyba, juste le temps de faire un peu de café et, Dieu aidant, nous arriverons avant la nuit chez les bons Pères Augustins de Catalão où rien ne nous manquera. Le souper que nous y ferons récompensera le dîner supprimé.

Estrella qui connaît, elle aussi, le chemin et semble comprendre que l'étape sera longue, s'approche, mendiant une caresse et aussi un petit morceau de sucre *(rapadura)* que je lui donne volontiers. En me baissant pour prendre la selle, je vois tout à côté un petit animal ressemblant à un rat de taille moyenne et à peu de distance du rat bien en face de lui, une de ces grosses araignées appelées araignées *écrevisses* à cause de leur ressemblance avec ce crustacé. Du premier coup d'œil, je juge que ces deux animaux ne sont point des amis et ne se disent point des amabilités.

Le rongeur, ramassé sur lui-même, se tient en garde, montrant ses fines dents blanches et acérées, et fait entendre le ffr, fr, fr, des jeunes chats en colère. L'araignée, de son côté, bien campée sur ses pattes, longues et velues, d'un poids presque égal à celui du rat, semble se demander ce qu'il lui convient de faire, avancer ou battre prudemment en retraite. Si terribles que soient ces grandes araignées dont le seul contact, dit-on, est venimeux, l'issue du combat ne me paraît point douteuse. Les dents acérées du rongeur auront vite raison des mandibules et des pattes de son adversaire.

L'araignée le sait encore mieux que moi, son instinct le lui dit : aussi elle essaie de ruser, finalement avec une rapidité dont je ne la croyais point capable, elle s'élance sur le rongeur qui la reçoit avec ses dents. Il y a un corps à corps qui ne dure qu'un éclair, car d'un effort violent l'araignée se dégage et bat en retraite, laissant entre les dents de l'adversaire une de ses grosses pattes noires et velues. Ce qui me surprend, c'est que l'amputée au lieu de regagner son trou, reste à quelques centimètres du rat comme toute prête à renouveler le combat. Le rongeur au lieu de profiter de sa victoire, reste comme étourdi, puis je le vois s'affaisser, un frémissement agite tout son corps et il tombe raide mort.

J'ai alors l'explication du combat et de l'attitude des combattants. Au péril de sa vie, l'araignée s'élançant a innoculé au rongeur un poison mortel des plus violents. Elle a laissé une patte sur le champ de bataille, mais son adversaire y a laissé la vie. Le combat terminé, je vois une légion de petites araignées qui sortent, je ne sais d'où et s'acharnent sur le vaincu devenu pour elles une proie facile, grâce à la vaillance de leur mère.

En contemplant cette scène, je ne puis me défendre d'un sentiment d'admiration pour l'amour ou l'instinct maternel de cette araignée qui, pour nourrir sa progéniture, n'a pas hésité à s'attaquer à plus fort qu'elle et à livrer un combat où elle a laissé un membre et où elle pouvait laisser la vie. Mû par ce sentiment j'allais peut-être laisser la vie sauve à cette araignée *écrevisse*, une des plus dangereuses qu'on puisse rencontrer; mais le *camarada* arrive et saisissant dans le feu une grosse branche à demi calcinée, frappe à coups redoublés et réduit en bouillie toute cette engeance venimeuse comme il l'appelle.

Ces araignées géantes, j'ai pu les voir de près et les examiner tout à loisir dans ma seconde visite à l'Institut Butantan, qui aujourd'hui étudie non plus seulement les serpents, mais aussi les araignées venimeuses et après leur avoir arraché leurs secrets et leur venin, en prépare un bienfaisant sérum.

Le docteur Vital Brazil, directeur de l'Institut, voulut bien me confier pour cette visite à un de ses aides les plus expérimentés, qui fut en cette occasion non pas seulement un guide précieux, mais un maître mettant sa science au service et à la portée d'un profane. Qu'il me permette de l'en remercier ici, et de faire le résumé de la leçon de choses qu'il daigna me donner.

Par leur aspect si répugnant et leurs colossales dimensions ces araignées, appelées scientifiquement *Grammostola acteon*, et *Grammostola longimana*, inspirent au peuple une répulsion instinctive et une crainte non moins grande que celle inspirée par les serpents les plus venimeux. On les nomme vulgairement *carangueijeiras* à cause sans doute de leur ressemblance avec les écrevisses ou crabes (en brésilien *caranguejo*).

On peut remarquer dans les photos les crocs redoutables qui sont à l'extrémité des pattes et de chaque côté de la bouche. Ces crocs, couleur noir ébène, durs comme l'acier, ressemblent assez aux griffes d'un chat. Le guide présente une mince tige d'acier à l'araignée qui la saisit avec les crocs se trouvant de chaque côté des mandibules et la serre si fortement qu'elle y reste suspendue quand on lève la tige; on a beau l'agiter vivement, elle tiendra bon et ne lâchera prise que lorsqu'elle se trouvera de nouveau sur le sable de la cage qui lui sert de demeure et de prison cellulaire. On ne peut en effet laisser deux de ces araignées ensemble, car ce serait immédiatement un combat corps à corps et un combat à mort. Il arrive assez souvent que les deux combattants trouvent la mort dans cette lutte longue et atroce.

Cependant, en réalité — et légendes mises à part — ces araignées sont moins redoutables pour l'homme qu'on ne le dirait au premier aspect.

D'abord leur grande taille fait qu'elles ne peuvent se cacher ou se dissimuler comme les petites mygales qui sont légion dans les forêts du Brésil ; puis la lenteur de leurs mouvements donne à l'homme qui les aperçoit le temps de se garer et d'écraser l'ennemi qui ne peut ni fuir, ni se cacher.

Sans doute les deux crocs de la tête peuvent faire une blessure profonde et inoculer un poison subtil, mais cette araignée mord si rapidement et retire si vite ses crocs (sauf dans le combat contre les serpents) que le venin n'a pas le temps de se distiller dans la plaie en quantité suffisante pour produire un accident grave. Il faut noter aussi que ce venin a moins d'effet sur l'homme que sur les animaux à sang froid comme les serpents.

Il sera prudent cependant d'éviter même le simple contact avec ces animaux, car chez certains les poils des pattes suffisent à déterminer des démangeaisons et des accidents fort désagréables allant même jusqu'à l'évanouissement passager et chez tous, les crocs sont porteurs d'un venin subtil violent, pouvant parfois déterminer des blessures inguérissables et des complications mortelles.

Le guide me citait le cas d'un employé de l'Institut qui, piqué au bras vers les dix heures du matin, voulut malgré la douleur atroce continuer son travail. Le membre enfla rapidement, bientôt des troubles généraux se produisirent, en particulier dans la vue, et vers midi on le rencontra errant à l'aventure dans le jardin, sans parvenir à trouver l'entrée de sa demeure. Pour le guérir il fallut plusieurs injections de sérum ainsi que des soins intelligents et assidus pendant plus de huit jours.

Sur les animaux à sang froid, comme les serpents, l'action de ce venin est très violente, rapide et dans certains cas foudroyante.

Je n'ai point assisté personnellement à un combat de *carangueijeira*, contre un serpent, comme je l'avais fait pour la mussurana, lors de ma première visite à l'Institut des serpents, mais le guide m'a affirmé qu'une de ces araignées avait sous ses yeux attaqué et tué en moins de deux minutes un jeune serpent à sonnettes mesurant de quarante à quarante-cinq centimètres.

Voici comment s'y prend l'araignée pour livrer ce combat et préparer son festin. Elle n'attaque bien entendu que les jeunes serpents, moins forts et encore inexpérimentés. Autant que possible, elle enfonce ses terribles crocs dans la tête de son adversaire et, dans ce cas, le serpent a beau s'agiter, se débattre, entraîner même l'araignée, celle-ci ne lâche point prise : d'ailleurs le serpent est vite paralysé ; une minute, deux au plus suffisent pour amener la paralysie complète et la mort.

Si l'araignée a manqué son coup, et n'a pu saisir que le corps du serpent, celui-ci ayant la tête libre pique à son tour l'ennemi avec ses crocs redoutables eux aussi, et porteurs d'un poison mortel ; mais la *carangueijeira*, naturellement immunisée contre ce venin, ne se trouble pas, et excitée par l'attaque et la douleur de la morsure, redouble d'efforts, enfonce plus profondément ses crocs, déverse toute sa réserve de venin et attend la paralysie et la mort qui ne tardent guère à arriver. Alors, desserrant son étreinte, elle va à la tête du serpent, la broie, la triture ainsi que tout le reste du corps, en fait une boule plus ou moins difforme qu'elle couvre de bave et suce plutôt qu'elle ne l'avale. Selon la grosseur de la proie, le repas, pris sans hâte, durera vingt-quatre ou quarante-huit heures. Ce sera ensuite le repos et la digestion pendant douze ou quinze jours.

Les serpents, et plus spécialement les serpents à poison violent, sont la nourriture préférée de ces araignées géantes ; mais, ajoute le maître, ce n'est pas leur seule nourriture, et elles sont presque aussi friandes de leurs congénères que des serpents. Leur férocité et leur instinct combatif sont tels qu'on ne peut laisser seules dans une cage deux de ces araignées sans qu'il y ait aussitôt un combat à mort où le vaincu devient la proie et le festin du vainqueur. Cette férocité s'étend même assez souvent jusqu'à l'acte reproducteur de la vie et de l'espèce. Après la fécondation, il n'est pas rare que la femelle attaque, tue et dévore avec délices le mâle qui n'a été ni assez agile pour fuir, ni assez fort pour se défendre.

D'où viennent cet instinct et ces mœurs de cannibales, demandons-nous à notre guide. Le fait étant indéniable, il doit y avoir à cela une raison profonde, car l'instinct donné par le Créateur aux animaux leur tient lieu de raison, et manque rarement le but.

Notre si aimable guide nous répond que ni les observations faites à l'Institut, ni la lecture des anciens auteurs, ni les leçons des maîtres modernes, ne donnent de ce fait une explication satisfaisante. J'avoue bien simplement que je n'en sais pas plus que lui et cependant, basé sur le principe ci-dessus énoncé, que l'instinct vient de Dieu Créateur, je persiste à croire qu'à cet acte qui paraît contre nature il y a une raison profonde que les savants découvriront un jour.

En guise de conclusion, et pour ne point me laisser sous cette impression fâcheuse d'une question restée sans réponse, le guide me dit que ces araignées sont très fécondes et que sept ou huit semaines après la fécondation elles pondent un minimum de deux cents à trois cents œufs, qu'elles déposent dans un cocon soyeux et imperméable. La mère araignée tisse d'abord une toile arrondie de cinq à six centimètres de diamètre, qu'elle dépose sur le sol sans l'y fixer. Sur cette toile, elle pond les œufs, et se remettant à filer elle forme comme un sac hermétiquement fermé où les œufs seront couvés par les yeux de la mère, tout comme nous l'avons dit pour les œufs de crocodile de l'Araguaya dans le premier volume : *Chez les Peaux-Rouges.*

Expliquons, pour ceux qui n'ont point lu ce premier volume.

L'araignée mère, qui a choisi avec soin l'emplacement du cocon renfermant les œufs, se met devant lui, le touchant de ses pattes, le couvant de ses yeux et prête à le défendre. Elle demeurera là jour et nuit sans bouger jusqu'à l'éclosion, dont il est assez

difficile de préciser le temps, car les petits éclosent
dans le sac et ne s'empressent pas de briser l'enveloppe. Ils font là leur première mue et ne sortent
que quand ils se sentent assez forts. La mère les sur-
veille encore quelques jours, puis c'est la dispersion
et la liberté. Cette explication nous est un rayon de
lumière projeté sur le fait qui nous paraissait un
mystère.

Qui sait si, après la fécondation, la mère, guidée
par son instinct et connaissant bien les mœurs de
cannibale et la férocité du mâle, qui sait, dis-je, si
l'araignée mère ne se dit point que le mâle est
bien capable de la surveiller, de chercher à savoir
où elle ira déposer les œufs, pour revenir au moment
propice dévorer ses petits, ses chers petits pendant
qu'ils sont encore dans le cocon, incapables de fuir
ou de se défendre.

Son amour maternel lui dit qu'à tout prix il
faut sauver ses chers petits et perpétuer l'espèce.
Mais que faire? à quel moyen recourir contre ce
nouveau Saturne? Cybèle avait bien donné une
pierre au lieu de son fils au père dénaturé qui avait
voulu s'en contenter et se laisser tromper ; mais elle
connaît bien le mâle, elle sait qu'il ne se laissera
ni tromper ni séduire, et quand il viendra pour dévorer le contenu du cocon, il faudra livrer alors
bataille et la livrer dans de mauvaises conditions
car elle sera affaiblie par le long jeûne de la couvai-
son. Mieux vaut donc livrer cette bataille dès maintenant et dans de meilleures conditions, son amour
lui donnera des forces. Cela pensé dans son cerveau
de mère, elle se jette à l'improviste sur le mâle,

le tue et le mange avec délices, ce qui a pour elle un double avantage : délivrer sa chère progéniture d'un futur ennemi, et faire un bon repas lui permettant de supporter le jeûne jusqu'au jour de l'éclosion.

Je donne cette explication pour ce qu'elle vaut, laissant aux savants naturalistes le soin de l'approuver ou de la rejeter, sauf à en chercher une autre. Mais encore une fois, assez philosopher à ce sujet, revenons au récit du voyage qui touche à sa fin.

A six heures nous sommes à cheval et le soir, selon les prévisions du *camarada*, nous entrons avant la nuit dans la jolie petite ville de Catalão où les Pères Augustins espagnols venus des Philippines nous font un accueil des plus fraternels. Le *camarada* n'aura pas même à s'occuper des mulets, car les Frères convers Augustins, aussi experts que charitables, se chargent de bien soigner notre cavalerie et de tout préparer pour le départ du lendemain. Ce départ est fixé à sept heures précises, l'étape sera longue car il nous faut arriver à une grande *fazenda* qui nous a été chaudement recommandée par les Pères de Formosa.

Les bons Pères Augustins, heureux de nous posséder et de nous témoigner l'affection que, soit en Espagne, soit aux Philippines, leur Ordre a toujours eue pour le nôtre, ne protestent point cependant contre l'heure un peu hâtive du départ. Habitués à voyager dans le *sertão*, ils connaissent le prix du temps et savent que si nous voulons arriver avant la nuit à la *fazenda de Dona Maria* il nous faut partir de bon matin.

16

Après une visite au Très Saint Sacrement et à l'autel de l'Immaculée, nous nous rendons au réfectoire avec la Communauté. Le repas, improvisé cependant, est servi à la française avec une courtoisie tout espagnole et une abondance toute brésilienne.

Le lendemain, comme il avait été convenu, je célèbre la sainte Messe à six heures, à l'autel de Notre-Dame du Très-Saint-Rosaire, et, à sept heures précises, je suis botté et éperonné, espérant n'avoir plus qu'à monter à cheval. Mais le très aimable procureur s'approche et avec une grâce parfaite : Père, dit-il, ne soyez pas contrarié, mais rien n'est prêt pour le départ. Il vaut beaucoup mieux que vous restiez jusqu'à neuf heures pour prendre le repas avec la Communauté, nous donnerons double ration de maïs à vos mulets et ils regagneront en vitesse le temps perdu. Vous n'aurez pas non plus à vous arrêter en chemin pour cuire le riz et la *carne secca*, car vous emporterez un repas froid qu'on est en train de préparer : poulets rôtis à la française, deux tranches de *veado* (cerf), de bons fruits de notre jardin, bien mûrs, et un flacon de vin d'Espagne ; tout cela vous remplacera la *carne secca* et l'eau du Rio. Que répondre à tant d'amabilité et comment oser témoigner du mécontentement à ces excellents Pères qui nous comblent de bienfaits?

A dix heures sonnant nous quittons Catalão et après quatre longues heures de chevauchée sous un soleil de feu, nous arrivons à un *brejo* où les mulets peuvent se désaltérer et se reposer un instant pendant que nous faisons honneur aux provisions si libéralement données par les bons Pères Augustins.

Nous repartons bientôt après, mais nos mulets n'ont plus la même ardeur et il fait nuit noire quand nous arrivons au fameux pont suspendu du Paranahyba. Le gardien préposé au péage, reconnaissant que c'est un *Padre* qui demande à passer, se montre des plus aimables. Il pousse même la charité jusqu'à nous accompagner un bout de chemin, pour nous faire éviter les fausses pistes et les précipices qui ne manquent point sur les bords du Paranahyba. Il est déjà tard quand nous arrivons à la *fazenda* de Dona Maria, et j'ai honte de me présenter à cette heure avancée de la nuit, sans être connu, et sans avoir prévenu de mon arrivée ; comment d'ailleurs aurions-nous pu prévenir, nous allons plus vite que le courrier d'État.

Mon appréhension se dissipe bien vite au seul aspect de Dona Maria et de toute sa famille : enfants et petits-enfants. Les Pères de Formosa n'ont rien exagéré, la *casa* de Dona Maria est bien pour les missionnaires dominicains ce que Béthanie était pour les apôtres. La demeure de Dona Maria ne ressemble en rien aux pauvres *casas* du *sertão*. C'est une grande et belle maison, bâtie avec de belles pierres et de la chaux, recouverte de bonnes tuiles et on y trouve le confortable des riches maisons de France. Malgré l'heure tardive, la table est mise, et sur une nappe blanche et fine, on sert des gâteaux de *manioc*, des bananes, des ananas, des oranges et de grands bols de lait. Puis, c'est le chapelet en famille et la bénédiction du *Padre* donnée à la ronde et à chacun en particulier. Dona Maria la reçoit à genoux en baisant pieusement le scapulaire du *Padre*.

Le lendemain, 30 août, c'est la fête d'une grande sainte Dominicaine, sainte Rose de Lima, la première sainte canonisée du Nouveau Monde. Dona Maria, au cœur si dominicain, le sait bien, et pour que tout le nombreux personnel de la *fazenda* puisse entendre la sainte Messe, elle me demande de la célébrer à six heures du matin. A cette heure, les serviteurs qui vont de grand matin chercher les vaches au pâturage sont déjà de retour, et les autres ne sont pas encore partis pour le travail.

A quatre heures et demie, je suis levé pour arranger l'autel, mais je trouve que Dona Maria a tout préparé avec un goût parfait. La messe commence à six heures précises : à l'Évangile, courte allocution sur sainte Rose de Lima, et après la messe café *gordo*, comme on dit dans le *sertão*. Ce café *gordo* n'est autre chose qu'un café excellent, comme il l'est toujours au Brésil, mais servi avec un accompagnement de toutes sortes de friandises : gâteaux de fine fleur de farine de *manioc*, fruits divers, lait fumant qu'on vient de traire, etc., etc.

A huit heures, nous quittons à regret cette maison si hospitalière, et le soir même, vers les trois heures, nous arrivons à la *fazenda* modèle et non moins royalement hospitalière du major Justino, dont j'ai déjà parlé. La *fazenda* est en deuil, le major, homme de bien s'il en fût, a été enlevé il y a déjà quelques mois à l'affection des siens par une mort prématurée que rien ne faisait prévoir. Son épouse et sa fille, Mlle Cotta, élevée par les sœurs Dominicaines d'Uberaba, se consolent par des pensées de foi et d'immortelle espérance. Elles continuent à s'occuper de la *fazenda* où l'on pensait un jour établir une grande œuvre religieuse et sociale.

Le lendemain, 31 août, la messe fut célébrée pour le major Justino et toute la famille y communia.

A huit heures, les mulets sont sellés pour la dernière fois et bientôt nous sommes à Araguary, où j'aurai à prendre prosaïquement le chemin de fer pour Uberaba et Rio de Janeiro.

A la gare, je fais mes adieux au *camarada* Manoel et en lui je revois et je remercie tous les autres *camaradas* ou *barqueiros* des grands fleuves, du désert et des forêts. Tous ont été pour moi d'un dévouement que je ne saurais oublier.

Dans le cours ordinaire du voyage, ils ont joint à leurs qualités professionnelles la sollicitude d'une mère pour un enfant inexpérimenté et le plus profond respect pour le *Padre*. Mais à l'heure du danger, et cette heure a sonné plus d'une fois sur le fleuve et dans les forêts, le pilote Geronimo et le *camarada* Rosen n'ont pas hésité à imposer leur volonté au *Padre* lui-même, montrant ainsi en ces instants suprêmes où le salut et la vie de la caravane sont en jeu, le coup d'œil, la décision et la volonté sans réplique des grands chefs. Qu'ils en soient aujourd'hui remerciés et bénis.

Après les adieux au *camarada*, je me retourne vers les mulets qui, eux aussi, ont été mes compagnons de voyage. En m'approchant d'eux, pour leur donner une poignée de sel dont ils sont friands et une dernière caresse, je suis plus ému que je ne voudrais le paraître.

Dans l'infini du désert et les dangers des forêts,

il s'établit vite entre l'homme et les mulets de la caravane une sorte de camaraderie, j'allais dire d'intimité. Abandonnés à eux-mêmes, les mulets deviendraient la proie des grands fauves ou des serpents, et l'homme sans les mulets serait voué à une mort certaine; aussi, dans ces espaces sans limites, il y a entre l'homme et les mulets une solidarité dont l'homme apprécie les bienfaits et que les mulets eux-mêmes savent comprendre.

Allez, braves mulets, allez, mes fidèles compagnons pendant ce long et périlleux voyage, allez, je ne vous oublierai pas de si tôt. Retournez aux gras pâturages des *Padres*, à qui je vous ai recommandés. Broutez le bon *capim*, broyez le maïs que vous donnera une main généreuse et prenez ainsi de nouvelles forces, soyez toujours les vaillants et fidèles compagnons des *Padres* dans leurs courses apostoliques.

Et maintenant que le chemin de fer m'emporte commodément et rapidement, le voyage est fini.

En commençant ce récit, j'ai osé le dédier à Marie-Immaculée, patronne spéciale de la mission, je dois, en terminant, remercier cette divine Mère de la protection dont elle n'a cessé de me couvrir pendant tout le voyage.

Chaque matin, avant de mettre le pied dans l'étrier ou sur la barque, je lui disais de tout cœur et en toute confiance :

*Vitam præsta puram
Iter para tutum.*

*Accordez-nous une vie sans tache,
et préparez-nous une voie sûre.*

Ma confiance n'a pas été déçue. Grâce à la protection très visible de Marie Immaculée, je suis sorti indemne d'accidents où, humainement parlant, j'aurais dû laisser les membres et même la vie.

Aujourd'hui, déjà avancé en âge, voyant les ombres du soir s'allonger démesurément devant moi, à la veille de faire un voyage autrement long, puisqu'il n'a pas de retour, je redis ces mêmes paroles avec la même confiance, mais en y ajoutant les deux vers qui terminent la strophe :

Ut videntes Jesum
Semper collœtemur.

FIN

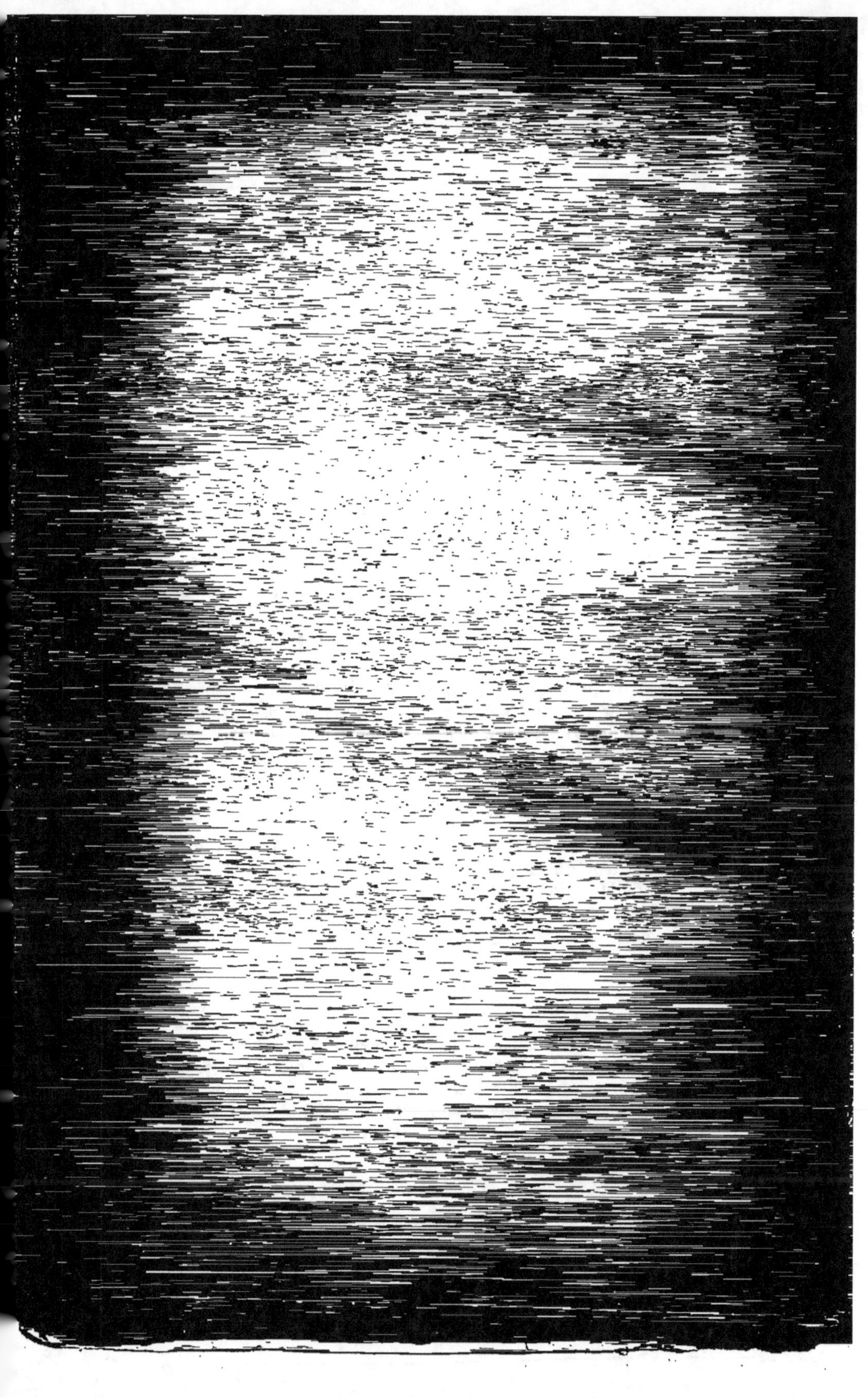

TABLE DES MATIÈRES

PRÉFACE I

PREMIÈRE PARTIE
DE CONCEIÇAO DO ARAGUAYA A PORTO-NAÇIONAL

CHAPITRE PREMIER

Plan du voyage. — Contretemps imprévu et attente anxieuse.
— Préliminaires du départ. — Un *camaradda (socius)* idéal.
— Derniers préparatifs. — Choix de l'itinéraire. — Émouvants adieux. — Départ. — Embarquement des mulets;
une mule fringante et capricieuse. — Traversée de l'Araguaya.. 3

CHAPITRE II

Premières chevauchées. — Haltes nocturnes dans la forêt et
le désert, leur charme et aussi leur danger. — Encore un
caprice de la mule Rosinha. — La crainte du jaguar. — Des
« pénitents » trop pressés de se confesser. — Baptêmes et
mariages. — Une scène patriarcale.................... 17

CHAPITRE III

Un vol de perruches. — Passage dangereux et mulet en danger
de mort. — Rectification d'un préjugé gastronomique. —
A travers les hautes herbes. — En proie aux moustiques. —
— Encore des bénédictions matrimoniales. — Confession
troublée par un serpent à sonnettes. — Veille de la Fête-
Dieu. — Pieux projet de chevauchée nocturne........ 31

CHAPITRE IV

Délicieuse étape nocturne. — Sur les bords du Tocantins. — Pas d'embarcation pour le traverser. — Signaux inutiles. — Rosen traverse le fleuve à la nage et ramène embarcation et bateliers. — Messe et sermon. — Des vœux surprenants. — Chez le « colonel » José Antonio. — Réception cordiale et plantureux festin. — Causerie nocturne. — Noble proposition de notre brave amphytrion. — Révolution en perspective. — Le nom officiel de Pedro Affonso. — La légende de Fleur de Paradis...................................... 43

CHAPITRE V

Départ de *Rio do Somno*. — Passage mouvementé d'une rivière. — A Piabanha. — Un excellent ménage hétérogène, Joaquin et Marietta. — Un missionnaire martyr du devoir. — Chasse aux échassiers. — Victime des carapates. — Rencontre d'un tamandua. — Ravage des fourmis. — Arrivée à Porto Naçional.................................... 57

DEUXIÈME PARTIE

DE PORTO-NAÇIONAL A FORMOSA

CHAPITRE VI

A Porto Naçional. — L'église de l'Immaculée. — Les feux de joie de la Saint-Pierre. — Départ de Porto Naçional. — Joyeux accident de nuit. — Un caprice de Rosinha. — Le Rio Krichas. — Baptême du 14 juillet. — Petite Fleur de France. — Les singes de la forêt.................... 73

CHAPITRE VII

Forêt dangereuse. — Serrons les rangs et en avant, Aguilucho. — Fête de Notre-Dame du Mont-Carmel. — José Furtado. — Un livre de prières mangé par un bœuf. — Touchante histoire de Vicente. — Sauvagerie des Canoeïros. 89

CHAPITRE VIII

Campement dans la clairière. — Veillée en armes de Rosen et d'Elysiario. — Oiseaux de nuit. — Les mulets flairent le jaguar. — Stratagème de Rosen. — Redondo et les sangsues. — Pris par les fièvres en pleine forêt. — Arbre à quinine. — Chasse aux pécaris.................................... 103

CHAPITRE IX

Arrivée à Descoberto. — La Maison hospitalière de la veuve. — Une tragédie dans le sertão. — Arrivée du bon Père Bertrand Olléris. — L'Imperador de la fête du Divino. — Comment avec de la bonne volonté tout s'arrange. — Sainte Marie-Madeleine aura son Imperador. — Messes solennelles. — Chauves-souris peu commodes. — Le docteur Bossu et les mines d'or.................................... 115

CHAPITRE X

Fête de saint Jacques, apôtre. — Halte. — Un serpent à sonnettes vient nous rendre visite. — Son audace et son châtiment. — Détails sur les serpents venimeux du Brésil. — Une visite instructive à l'Institut des serpents de Butantan. — Campement peu enviable. — Vampires buveurs de sang humain. — Passage du Rio « das Almas ».... 131

CHAPITRE XI

Campement peu sûr. — Rosen appelle et provoque les jaguars. — *Bicho de pé.* — Où Rosen se montre chirurgien sans égal. — Son antisepsie. — Bain de pieds fatal. — Le supplice de Thésée. — Marche dans l'inconnu.................................... 157

CHAPITRE XII

Réveil au chant du coq. — Vieille femme engourdie par le froid. — Faux renseignement. — Rencontre d'un cavalier, tout s'explique. — Histoire tragique de la pauvre folle du Sumidouro. — En route vers le Torto, future capitale du

Brésil. — Un crapaud malheureux. — Lamentable état de
nos vêtements. — Arrivée à Formosa................... 173

TROISIÈME PARTIE

DE FORMOSA A UBERABA

CHAPITRE XIII

Départ de Formosa. — Botafora solennel. — Plan du camarada. — Nicolão, le chasseur de serpents. — Chasse peu
commune. — Où le mort semble ressusciter. — Crocodile
et sucuriu................................... 193

CHAPITRE XIV

La casa des fiévreux. — Un calcul intéressé qui a failli coûter
cher à l'auteur. — Face à face avec un taureau sauvage. —
Montagne des cristaux. — Passage du Corumba. — Nuit
agitée sur les bords du fleuve. — Appels plaintifs dans la
nuit. — Encore un « sucuriu ». — Mystérieuse disparition. —
Les fourmis voleuses.................................... 209

CHAPITRE XV

Longue chevauchée. — Recette efficace contre les maladie
d'estomac. — Monotone et pénible journée. — L'eau stas
gnante et putride des mares. — Filtre nouveau modèle. —
Pão-terra et fourmis. — Instinct ou intelligence? — Théories
diverses, doctrine de saint Thomas d'Aquin. — Drame dans
le désert, combat singulier entre rongeur et araignée. — Passage du Paranahyba. — Arrivée chez Dona Maria, son hospitalité. — Retour à la fazenda du major Justino. — Départ
d'Araguary. — Derniers adieux. — Reconnaissance et vœu
suprême à Marie Immaculée................... 255

PARIS. — TYPOGRAPHIE PLON, 8, RUE GARANCIÈRE. — 1928. 37014.